Do Sertão para o Mundo

PATRÍCIA PIMENTELL

Do Sertão para o Mundo

Contribuir para transformar vidas

novo século®
São Paulo, 2018

Do sertão para o mundo: Contribuir para transformar vidas
Copyright © 2018 by Patrícia Pimentell
Copyright © 2018 by Novo Século Ltda.

COORDENAÇÃO EDITORIAL
Vitor Donofrio

EDITORIAL
João Paulo Putini
Nair Ferraz
Rebeca Lacerda

COLABORAÇÃO
Elias Awad
Caroline Marino
Maisa Dóris Ferlin

EDIÇÃO DE TEXTO
Renata de Mello do Vale

P. GRÁFICO E DIAGRAMAÇÃO
Silvia Janaudis

GERENTE DE AQUISIÇÕES
Renata de Mello do Vale

ASSISTENTE DE AQUISIÇÕES
Talita Wakasugui

PREPARAÇÃO/REVISÃO
Talita Wakasugui

FOTOS
André Schiliró

Texto de acordo com as normas do Novo Acordo Ortográfico da Língua Portuguesa (1990), em vigor desde 1º de janeiro de 2009.

Dados Internacionais de
Catalogação na Publicação (CIP)

Pimentell, Patrícia
Do sertão para o mundo: contribuir para transformar vidas
Patrícia Pimentell
Barueri, SP: Novo Século Editora, 2017.

1. Pimentell, Patrícia 2. Empresárias – Biografia 3. Sucesso
4. Empreendedorismo 5. Técnicas de auto-ajuda I. Título

17-1588   CDD-926.58

Índice para catálogo sistemático:
1. Empresárias – Brasil – Biografia

NOVO SÉCULO EDITORA LTDA.
Alameda Araguaia, 2190 – Bloco A – 11º andar – Conjunto 1111
CEP 06455-000 – Alphaville Industrial, Barueri – SP – Brasil
Tel.: (11) 3699-7107 | Fax: (11) 3699-7323
www.gruponovoseculo.com.br | atendimento@novoseculo.com.br

Sumário

AGRADECIMENTOS	9
PREFÁCIOS	11
DIAS DE COLHEITA E SUPERAÇÃO	15
CAPÍTULO 1 | Vivendo com coragem	17
CAPÍTULO 2 | Quando a atitude e a perseverança são fundamentais para a sobrevivência	33
CAPÍTULO 3 | A solidariedade e a gratidão são redentoras	54

CAPÍTULO 4   **71**
| Em busca de si mesmo:
um caminho de evolução

CAPÍTULO 5   **86**
| Superação e fé: o poder de acreditar

CAPÍTULO 6   **104**
| Empatia e trabalho:
empreender sem perder a alma

CAPÍTULO 7   **122**
| A inovação é um caminho contínuo

CAPÍTULO 8   **130**
| Serenidade e equilíbrio:
o que eu aprendi até aqui

CONSIDERAÇÕES FINAIS   **141**

Agradecimentos

Quero agradecer primeiramente a Deus por permitir que este livro fosse escrito. Tenho certeza absoluta de que sem ele nada disso teria sido possível. Aos meus pais, Elenita e Gesse, que foram instrumentos de Deus para me trazer ao mundo; aos meus queridos e amados irmãos, Paulo Henrique, Ana Paula, Sarah e Paula Samara, que foram fundamentais durante toda minha trajetória, inclusive pelo apoio no momento em que eu escrevia este livro; em especial ao meu marido, Clarel Lopes, por todo o apoio e paciência.

Aos meus mentores espirituais e amigos, os pastores Alex Sanches e Elisangela Abegg. A todos os profissionais que se dedicaram de corpo, alma e coração para que este livro pudesse chegar até você, começando pela Maisa Dóris Ferlin, Leo Guilherme, minha coach Fernanda Chuad, e à equipe da Editora Novo Século, Luiz Vasconcelos, Renata Mello e Caroline Marino, por acreditarem nesta obra.

Além disso, quero muito agradecer a todos os professores e a todos os profissionais que tive e conheci ao longo da minha trajetória, que contribuíram muito para eu ser a profissional e o ser humano que sou hoje.

Também quero agradecer a todas as pessoas que passaram pela minha vida. Sou extremamente grata às que me ajudaram – e como me ajudaram! Na verdade, muitas delas são verdadeiros anjos enviados por Deus. Cada um de vocês tem um lugar especial no meu coração, não importa se estão longe, ou quanto tempo que não me encontro com vocês, pois aprendi ao longo da vida que estar perto significa estar dentro do nosso coração, e não existe nenhum lugar mais próximo do que esse.

Um agradecimento todo especial também àquelas pessoas que às vezes sem querer, ou sem perceber, tentaram me desanimar, que riram dos meus sonhos, me julgaram, me criticaram e debocharam de mim. Em grande parte, foi graças a vocês que eu pude evoluir a cada dia mais. Vocês sem saber me fortaleceram, e, em vez de me atrapalhar, foram fundamentais na minha formação. Eu cresci, e hoje sou uma pessoa muito melhor. E continuo acreditando no melhor do ser humano, que somos pessoas boas, filhos e filhas de Deus, e que estamos neste mundo para evoluir e contribuir com o próximo.

Espero do fundo do meu coração que este livro possa contribuir muito em sua vida; que ele seja luz para fazer você brilhar em sua jornada. Que você possa ter mais ação, mais amor, mais coragem, mais fé, que possa acreditar mais em si mesmo e que, principalmente, seja uma pessoa melhor a cada dia.

Que Deus, em sua infinita bondade, possa abençoar, iluminar e proteger grandiosamente a sua vida, amado(a) leitor(a). Você agora faz parte da minha família, da minha vida, da minha história.

Seja muito bem-vindo, sinta-se abraçado.

Prefácio

Certamente, todos nós temos uma boa história para contar. A crença, a criatividade e a perseverança são fatores que podem transformar o rumo de uma história. E isso aconteceu com a Patrícia Pimentell.

Como biógrafo, posso dizer que história boa é aquela que inspira; história boa é aquela que nos faz torcer pelo protagonista; história boa é o que a Patrícia Pimentell vai nos contar nas páginas deste livro.

O início da história dela se assemelha a de milhões de brasileiros. Uma infância difícil, sofrida, de escassez em tudo! Até mesmo do amor. Mas a pequena via brilho em um chão cinzento, cores em um quadro negro, vida onde não havia respiro... E esperança, sempre!

Sim, Patrícia teve um início de vida comum, mas graças aos fatores que citei na abertura deste prefácio, ela não só redirecionou sua vida como mudou um destino!

E como isso foi possível? Exatamente por meio de suas próprias escolhas. Muitas delas talvez não tenham sido as melhores em determinados momentos de sua vida, mas deixaram importantes aprendizados, os quais, de forma inteligente, a Patrícia soube transformar em oportunidades futuras.

Certa vez perguntei a ela: "Patrícia, hoje você é uma empresária bem-sucedida, anda num belo carro. Mas imagine-se parada num farol ao lado de um ônibus. Quem olha você do transporte coletivo pensa: "Nossa, que moça de sorte. Linda e com um carrão desses... Não sofreu nem um décimo do que eu passei na vida...". E você, Patrícia, sentada no seu carro, ao olhar para a pessoa no ônibus, pensa: "Há alguns anos eu estava do lado de lá... Mas sempre acreditei em mim, no meu potencial, estudei, trabalhei muito, e confiei sempre que Deus me reservava um futuro próspero".

Veja então como é a vida, o mundo: jamais imaginamos a verdadeira história que alguém viveu até que possamos conhecê-la. E tudo o que nela aconteceu é resultado de suas escolhas.

E você, leitor, está no caminho certo! No caminho percorrido pela Patrícia Pimentell! Principalmente pela escolha feita ao se decidir pela leitura deste livro!

Boa leitura!
Elias Awad
Biógrafo e palestrante

Prefácio

Dizem que a vida é como uma colcha de retalhos, que vamos costurando momentos uns aos outros, fazendo assim a nossa história. São essas lembranças que nos aquecem em dias frios, sem sol, quando o vento forte cisma em nos derrubar. A lembrança nos acolhe e nos protege.

Minha vida é costura com renda, delicada e forte ao mesmo tempo. Doce, travessa e sensual. Brinca de catar um ponto lá, outro acolá. E aí fica em minhas mãos a missão de vestir o momento mais importante da vida de muitas clientes. O dia do casamento, o aniversário de 30 anos. Momentos que marcam as histórias.

Foi assim na vida dessa linda guerreira chamada Patrícia Pimentell. Cara de menina, um sorriso que vem da alma e uma história e tanto pra contar. Traz na pele a marca da mulher nordestina que vence sem se dar conta de que era quase impossível conquistar aquela batalha.

Patrícia é cheia de vida, de brilho nos olhos e era minha a responsabilidade traduzir, em panos e rendas, sua emoção ao casar-se. Depois, foi a vez de amarrar tecidos, cortes e linhas para vestir seus 30 anos de história.

Nas duas ocasiões ela ficou linda, e ficaria até vestida de chita, porque Patrícia Pimentell é muito mais que uma casca, que um corpo... Ela é pura energia do bem, é garra, é valentia e sucesso.

Que bom que ela conseguiu parar um pouco para escrever sua história – sim, pois ela não para! Que bom, porque estamos sedentos por histórias nas quais os fios que tecem são a mistura da coragem, do amor e da fé.

Inspire-se em sua história, vai valer a pena conhecer essa mulher.

Martha Medeiros
Designer e estilista

Dias de colheita e superação

Ainda posso ver a menina miúda de seis ou sete anos, sempre de cabelos presos e descalça, subindo nos cajueiros e coqueirais sob o sol escaldante de Coité. Comecei trabalhando na roça, com o plantio e a colheita de milho, feijão e mandioca para que eu e meus irmãos vendêssemos na feira. Para nós, nada sobrava, todo o dinheiro das vendas ficava com meu pai. Nem uma roupa nova, nem material para a escola. Até que descobri o cajueiro, no qual eu subia todos os dias. Lembro-me de me equilibrar entre um galho e outro e me balançar para que caísse o maior número de frutos.

Trago, hoje, as cicatrizes brancas em minhas pernas de tantos e tantos tombos que levei daqueles cajueiros. Levo também aquela menina que não se abalou com as dificuldades e teve coragem de superar os desafios. Ela faz parte de mim, da minha história. É essa história que começo agora a contar para você. Nas próximas páginas, você acompanhará minha trajetória até o presente momento: as dificuldades e superações, os amigos que cruzaram meu caminho e me ajudaram e todas as etapas pessoais e profissionais pelas quais passei para alcançar o sucesso. Que essas palavras possam, de alguma forma, ajudá-lo a nunca desistir. Dias sombrios existem, mas a cor sempre aparece. Não importa o quanto chova ou por quanto tempo o céu fique cinzento, pois dar cores, viço e brilho à vida só depende da nossa vontade e esforço. A felicidade começa do lado de dentro.

Boa leitura!

Capítulo 1

Vivendo *com* coragem

A coragem é uma escolha. E digo isso por sentir na pele o peso dessa decisão. Eu podia ter desistido dos meus sonhos, ter escutado as pessoas dizerem que eu não era capaz, que não conseguiria vencer por ser pobre e, por isso, não ter chances. Mas desistir nunca foi uma opção para mim. Sempre tive a certeza de que cada dia traz uma nova oportunidade de respirar fundo e ir em frente, de lutar por sonhos e objetivos. Trata-se de uma escolha mesmo, pois você pode optar por não seguir. Eu sempre preferi a primeira opção: ter coragem e ir adiante.

Não tive uma infância fácil, tampouco alicerce familiar. Precisei vencer muitos obstáculos para chegar onde estou hoje. Passei a maior parte de minha infância em Conceição do Coité, interior da Bahia. Eu devia ter uns cinco anos quando nos mudamos para lá... Foi um tempo difícil, de incontáveis privações. Morávamos em sete numa casa de "farinha" – eu, meu pai, minha mãe e quatro irmãos –, sem água, luz, nem mesmo saneamento básico. Comida? Em dias de sorte: mamão verde cozido que pegávamos dos vizinhos.

Na vida, precisamos ter alguém que no...

Acho que esse foi um dos primeiros obstáculos que tive de superar: aceitar onde morava. Escola então parecia até luxo, pois não podia sequer fazer um trabalho em grupo em casa. Não soube o que era ter uma casa de verdade, o que era ter um banheiro, até meus 14 anos de idade.

Além de viver nessa situação precária, havia meu pai. Ah, meu pai... Talvez insatisfeito com a situação em que vivíamos, e por se sentir impotente para mudar sua história, ele bebia. E com a bebida se alterava e descontava toda sua raiva na família, nos magoando, nos machucando e nos deixando à sorte de toda intempérie. Era uma triste rotina.

Sei que nada justifica a agressão. Mas sempre me questionei o porquê. Por que ele agia daquele jeito? Por que não conseguia ter um gesto de carinho e amor? Ele foi abandonado pelos pais biológicos e adotado por um casal incapaz de demonstrar afeto. Ele era amarrado como um escravo e apanhava muito. Então, pensando melhor, o que podíamos cobrar? O amor que ele nunca teve? *As pessoas só dão o que têm, e o que meu pai tinha para dar era aquilo. Mas, felizmente, junto com a fome, essas marcas ficaram no passado e sem quaisquer chances de me fazer desistir.* Me deram forças para ir adiante e vencer.

Muitos me perguntam como consegui suportar por tanto tempo. Mas acredito que nada é por acaso, que tínhamos que passar por tudo o que passamos. E, para aliviar essa fase,

...desafie ou que desdenhe de nossos sonhos.

eu me imaginava como se estivesse em um filme ou novela cujo final sempre seria feliz. Certa vez, meu pai colocou minha mãe para fora de casa, e eu decidi ir junto com ela. Era noite, e eu não deixaria minha mãe sozinha. Fomos dormir em uma roça de mandioca para nos esconder e ter um pouco de paz. O clima estava bom e ficamos debaixo das folhagens, como numa cena de filme.

Meu pai me mostrou tudo o que eu não podia ser – tudo o que eu não queria ser. E isso me encorajou a seguir em frente.

Se hoje alguém me diz: "Você não vai conseguir, Patrícia!", busco ainda mais força para vencer e me superar. Você sempre vai encontrar pessoas dizendo que não vai conseguir realizar os seus objetivos, colocando você para baixo e apenas apontando defeitos e obstáculos. Mas isso me motiva a seguir. Quanto mais pessoas falavam que eu era pobre e não tinha chances, mais eu acreditava que, sim, eu iria vencer!

Meu pai representou o meu primeiro obstáculo. Meu primeiro adversário. Eu queria mostrar a ele que eu era capaz, que estava muito acima de toda aquela situação. E isso foi muito importante em minha trajetória. *Na vida, precisamos ter alguém que nos desafie ou que desdenhe de nossos sonhos. Peter Drucker, escritor austríaco considerado o pai da administração moderna, dizia que "para ter um negócio de sucesso, alguém, algum dia, teve que tomar uma atitude de coragem". Acredito fielmente nisso.*

Em torno de meus nove anos, já cansada de toda aquela situação, comecei a buscar uma oportunidade de emprego, que para mim significava a liberdade. Como sempre quis trabalhar com comunicação e soube que estava tendo um concurso para locutora, lá fui eu! Comecei a trabalhar na rádio, na Paradise FM. Me recordo muito bem dessa época. Saía todo dia distribuindo fichas para que as pessoas ligassem na rádio e votassem em mim. E não é que consegui? Além de mim, a Poliana, que se tornou minha amiga. Aquela experiência nos meios de comunicação havia sido apenas a primeira. Logo depois, comecei a trabalhar em uma rádio da igreja que frequentava, a 104 FM, e após mais um tempo, então com cerca de 14 anos de idade, fiz entrevista na rádio Sisal (a mais famosa da cidade) e consegui a vaga! Como eu aparentava ter mais idade, eles não perceberam que eu ainda não tinha 18 anos, então me contrataram. Lá não havia registro nem nada disso. Ao descobrirem que eu não era maior de idade, se assustaram, mas mesmo assim me deixaram ficar pelo bom trabalho que eu estava fazendo na rádio.

Era a oportunidade de desbravar a região em que vivia, de conhecer outros lugares e pessoas diferentes, além de reforçar a certeza de que havia algo muito especial guardado para mim. Porque, apesar de ainda ser menina na época, eu tinha convicção de que venceria.

Assim, lá fui eu pelos povoados colhendo notícias para as reportagens, escutando as mais variadas histórias. Além de sair a campo, também vendia pacotes de publicidade para os comerciantes. Mal dava tempo de me arrumar e comer para ir à escola! Sim, não desisti de estudar por um segundo sequer em minha vida, pois reconhecia o verdadeiro valor do estudo. Então, trabalhava o dia todo e estudava à noite. E assim passei um bom tempo. Algumas vezes, chegava só para o terceiro horário das aulas, mas isso não me abalava; novamente, a importância de manter meus estudos falava mais alto. E, para dizer a verdade, sempre fui bem, além de adorar a escola e principalmente os professores. Sou eternamente grata a todos eles, pois foram meus primeiros amigos.

Estava sempre envolvida em todas as atividades: olimpíadas, grêmios, apresentações do folclore, dia do índio, das mães... Até na faxina eu ajudava, organizando mutirões para limpar a escola. Ah, e claro, a festa de São João! Sem dúvida, essa é a época mais feliz no Nordeste, tempo de colheita de milho e feijão, e também período do ano em que mais chove. Costumam dizer que é o tempo da fartura.

Me vem à mente minha tia Geovânia... Na verdade, ela era minha segunda mãe. Sou grata a Deus por tê-la em minha vida, pois sempre esteve ao meu lado. Ela me indagava: "Praticamente nem consegue estudar, mas tira notas boas! Como consegue fazer tantas coisas ao mesmo tempo?". Acho que era minha vontade de vencer, de dar uma vida mais digna a ela e a minha mãe, de deixar todo o sofrimento para trás e de preencher minha vida com tudo o que eu amava.

Vez ou outra, a encontrava chorando meio escondida. Perguntava se estava tudo bem, e ela, para não me deixar preocupada, afirmava que não era nada, que tudo estava bem.

"Eu lhe conheço, tia. O que aconteceu?", questionava. Nós nos abraçávamos e eu sempre repetia: "Tia, a gente vai dar risada desse tempo. Lá na frente, juntas, vamos olhar para trás e rir. Acredite!".

Antes mesmo de receber meu primeiro salário, a primeira coisa que fiz quando consegui o emprego na rádio Sisal foi alugar uma casa. Isso chocou a cidade: como uma menina de 14 anos pode alugar uma casa e ainda levar a irmã junto? O valor do aluguel era R$ 50,00 por mês.

Lembro-me como se fosse hoje do primeiro dia em que fui dormir nessa casa... eu e minha irmã mais nova, a Sarah, minha amiga e companheira. O dinheiro era pouco e mal dava para pagar o aluguel, mas saí e comprei dois copinhos de plástico e pó de café. Sentamos no tapete que minha tia Maria das Neves – ou Negona, como é carinhosamente conhecida por todos – nos deu e tomamos nosso café, frio e com água da

torneira, mas felizes! Foi a melhor noite que havia tido desde então. Ainda trago na memória a dor nas costas e o frio por causa do chão gelado. Para nos aquecer, Sarah e eu dormimos abraçadinhas. Eu podia não ter um colchão e um lençol, mas havia conquistado o mais importante: a tão almejada paz. Podia, enfim, dormir sem medo de acordar com meu pai já um tanto alterado pela bebida. Certa vez, ele foi ao quintal com sua espingarda e atirou inúmeras vezes para cima. Imagine a cena. Foi inenarrável viver a primeira noite em que eu não acordaria com o coração disparado, repleta de medo. Aquele dia foi o marco, o começo de uma nova vida para mim.

> *As pessoas só dão o que têm, e o que meu pai tinha para dar era aquilo. Mas, felizmente, junto com a fome, essas marcas ficaram no passado e sem quaisquer chances de me fazer desistir."*

É fato que desde pequena gostei de arte, esporte e comunicação. Como sonhadora nata, alimentava no meu íntimo o desejo de ser jornalista. E Conceição do Coité já não bastava mais para concretizar esse sonho. Eu precisava correr atrás do meu objetivo. Decidi, então, no início de 2004, ir para São Paulo, "a terra das oportunidades" para todo imigrante, como bem sabido. Deixei mais uma vez a obstinação calar qualquer medo em mim e segui adiante. Não sabia ao certo como seria. Sei apenas que fui para desbravar o que quer que me aguardasse nesse lugar até então inóspito.

Havia minha irmã Paula, que já morava em São Paulo. Vivia com meu tio Elmo, irmão de minha mãe; então, foi lá mesmo onde resolvi me hospedar, dizendo que seriam apenas uns dias. Lá eu encontraria algum outro jeito. A casa era pequena e já contava com bastante gente, os filhos e netos. Por mais vontade que meu tio tivesse de nos ajudar, realmente não havia condições de permanecer ali por muito tempo. Foi novamente uma época difícil, de muitas limitações na minha vida. Contudo, percebi que, por mais complicado que fosse, o melhor para mim e minha irmã era morarmos sozinhas. Por sorte, Helena, uma amiga de Paula, nos ajudou e em poucos dias arranjamos um lugar para morar.

Naquela época, além de empregos, pesquisava cursos e faculdades, e fui constatando que o sonho de fazer Jornalismo se tornava cada vez mais distante. O motivo? Custo. Como eram caros os cursos de renome! Ainda assim não iria desistir.

Com a ajuda de William Brito, namorado de minha irmã na época e que se tornou um grande amigo, consegui uma indicação para participar do processo seletivo do Ibi, banco de soluções financeiras, e fui contratada como promotora de vendas. Foi uma experiência profissional de pouco mais de seis anos. E, como por puro "acaso", fiz carreira na empresa e me apaixonei por gestão e administração, decidindo seguir nessas áreas. Essa oportunidade fez com que minha veia empreendedora aflorasse de vez. Sou o tipo de pessoa que "se está na chuva é para se molhar". Então, se a minha escolha fosse fazer Administração, colocaria minha alma nisso.

*Quantas vezes
você deixou de fazer
algo por ser difícil
ou por alguém ter
dito que você não era
capaz? Se eu tivesse
dado ouvidos a isso
e aos obstáculos,
jamais teria chegado
onde cheguei.*

Acredito que a coragem é a base de tudo – sem ela, não avançamos. Qualquer obstáculo pode ser encarado como um empecilho para não agir, para recuar. E aí, aquele futuro de sucesso que você tanto espera será perdido por uma desculpa sem sentido. Quantas vezes você deixou de fazer algo por ser difícil ou por alguém ter dito que você não era capaz? Se eu tivesse dado ouvidos a isso e aos obstáculos, jamais teria chegado onde cheguei. Porque dificuldades vão surgir, assim como pessoas que nos desestimulam e situações desfavoráveis.

Nos momentos mais difíceis, aqueles em que precisamos decidir entre ir ou ficar, é que precisamos colocar verdadeiramente nossa coragem em prática. O simples fato de levantar da cama já é um passo importante. Quantas vezes nosso corpo pede mais tempo? Quantas vezes não seria mais fácil nem levantar?

Eu sempre penso: "Só preciso de 30 segundos de coragem" – uma atitude simples que transforma todo o meu dia. Aprendi isso com a minha coach, Fernanda Chaud, e desde então procuro colocar em prática.

Simon Sinek, especialista inglês em gestão, diz que o requisito para ser um líder de sucesso não é ter visão ou carisma. É ter coragem. "Liderar significa que temos que dar o primeiro passo, que temos de colocar a corda no pescoço para defender aquilo em que acreditamos. Todos os bons líderes são corajosos. Características como egocentrismo e ganância acabam com o significado da palavra liderar", ele afirma.

#30 SEGUNDOS DE CORAGEM

Pare e reflita: E você? Transforma sua dor em motivação ou em medo? Escolha algum momento em que você possa usar essa frase como motivação: "Vamos lá, são apenas 30 segundos de coragem que mudarão o meu dia".

Capítulo 2
Quando a atitude e a perseverança *são* fundamentais *para a* sobrevivência

COMPORTAMENTOS ESSENCIAIS PARA O EMPREENDEDORISMO DENTRO OU FORA DE UMA EMPRESA

Seis horas da manhã de uma sexta-feira. Eu já estava a postos e passava o dia todo sob o sol escaldante de Conceição do Coité, numa temperatura de uns 40 graus. Lá estava eu com cerca de oito anos de idade, trabalhando na feira. Vendia de tudo um pouco: milho, temperos, alho, cebola, feijão. Para esse ofício, usava uma carriola de milho dada por meu pai. E não havia desânimo, pelo contrário. Desde aquela época eu já pensava em metas, e naquele período a minha meta era conseguir vender tudo até as duas da tarde para ir embora. Para isso, percorria toda a feira chamando a atenção dos consumidores e fazendo-lhes ofertas: 6 espigas por R$ 1,00; depois 8 por R$ 1,00... até conseguir vender tudo. Era necessário bater a minha meta. Ali eu acho que já tinha um espírito empreendedor e também entendia que metas precisavam ser batidas e superadas. No fim do dia, quando estava mais difícil vender tudo, gritava: "Deu a louca no patrão! Era 6, agora é 12 por R$ 1,00! Isso mesmo, 12 por um R$ 1,00!". Minha irmã ficava morrendo de vergonha. Eu queria vender tudo, porque, para mim, era um desafio voltar para casa com a meta batida, mas o outro motivo era que eu sabia o que o meu pai faria conosco se eu não vendesse tudo.

Embora muitas pessoas já cresçam com uma veia mais forte para o empreendedorismo – seja por necessidade, seja por dom –, é possível no decorrer da vida aprender a empreender. E engana-se quem pensa que isso é importante somente para quem deseja abrir um negócio. Existe outra vertente, chamada empreendedorismo corporativo, que precisa ser explorada e é tão importante quanto a tradicional. Trata-se da capacidade de inovar e propor soluções em um ambiente empresarial. Percebo que as companhias mais modernas precisam de times de alta performance, que mostrem que têm capacidade de criar, de empreender dentro da empresa, de inovar.

Além da coragem de superar obstáculos, há duas características essenciais para desenvolver um perfil empreendedor: atitude e perseverança. Sempre fui atrás do que quis, nunca esperei alguém bater à minha porta para oferecer uma oportunidade. Antes de trabalhar na feira, trabalhei na roça, quando tinha menos idade ainda, cerca de cinco anos. É óbvio que se tratava de uma necessidade. Não acho de forma alguma que deva ser assim. Mas aquela era a minha realidade, e eu precisava ao menos tirar algo de bom dela. Eu ajudava no plantio e na colheita de feijão, milho e mandioca. É vivo na minha memória como eu era rápida, tanto que todos os agricultores da região queriam meu trabalho. Às vezes ganhava R$ 1,00, às vezes R$ 2,00 por dia. Trabalho puxado para mãozinhas tão pequenas, mas era o que garantia o sustento. Talvez, inconscientemente, para passar por aquela situação com um pouco mais de leveza, acabava transformando o trabalho em diversão. Coisa de criança mesmo. Disputava com minha irmã Paula para ver quem acabava primeiro de arrancar o feijão: a cada dia uma nova competição! Ganhava sempre! O espírito de dar sempre o meu melhor vem desde essa época. Possuo um lado competitivo latente que me ajudou a seguir, a crescer e a prosperar.

> *Ficar no chão nunca foi uma opção para mim. A única saída sempre foi me levantar, por mais difícil que fosse.*

Quando decidi ir para São Paulo, não foi exatamente com o sonho de ter um carro ou uma casa para mim. O sonho era estudar! Eu queria fazer uma faculdade para me desenvolver e trabalhar e, consequentemente, comprar uma casa para a minha mãe, pois não conseguia aceitar que ela não tivesse um lugar de verdade para morar, com banheiro, onde pudesse fazer as necessidades básicas de um ser humano, onde pudesse tomar um banho digno, coisa que quando criança nem eu e nem meus irmãos tivemos. Então, foi esse caminho que trilhei e realizei na minha vida: trabalhei, estudei e conquistei o meu dinheiro para construir uma casa para a minha mãe. Essa foi a primeira meta após eu ter me mudado da Bahia.

Para mim, aquela história de que o importante é competir não existe. Eu quero ganhar, sim, e, no que depender de mim, vou conseguir. Claro que, em algumas situações, não conseguimos. Vencer ininterruptamente não está ao nosso alcance. Aprendi isso em meu processo de coaching, do qual falarei mais adiante. Por exemplo: se sou uma atleta e estou me preparando para uma competição, ganhar não depende apenas de mim; depende do preparo dos outros competidores, de meu estado emocional e de uma série de fatores externos, como o tempo. Mas uma coisa é certa: o meu preparo depende exclusivamente de mim – se tiver que treinar 6 horas, treinarei 12 e darei o melhor de mim, do fundo de minha alma. Se essa atitude dará certo ou não, é outra história. O que realmente importa é que terei a certeza de que fiz tudo o que podia ter feito para alcançar o meu objetivo.

Outra lição importante que aprendi no processo de coaching é que temos sucesso em dois momentos da nossa vida: quando damos o nosso melhor e quando obtemos algum aprendizado, ou seja, quando evoluímos.

Para mim, não existem fracassados. Em vez disso, podemos falar em desistentes. Muitas pessoas caem cinco vezes e desistem. Mas quem disse que não acertariam na sexta tentativa? Eu já tropecei várias e várias vezes. Faz parte. Aprendi que vencer exige mais do que diplomas acadêmicos e competências técnicas. Primeiramente, é preciso cultivar uma dose extra de humildade e vontade genuína de aprender.

Considere esses passos como pilares essenciais para conseguir qualquer coisa na vida: esforço contínuo, trabalho árduo e força de vontade. E novamente friso que é primordial entendermos a queda como parte inerente à vida, pois assim fica mais fácil se levantar e dar a volta por cima. Não importa quantas vezes você cai, mas sim o que faz para se levantar. Ficar no chão nunca foi uma opção para mim. A única saída sempre foi me levantar, por mais difícil que fosse.

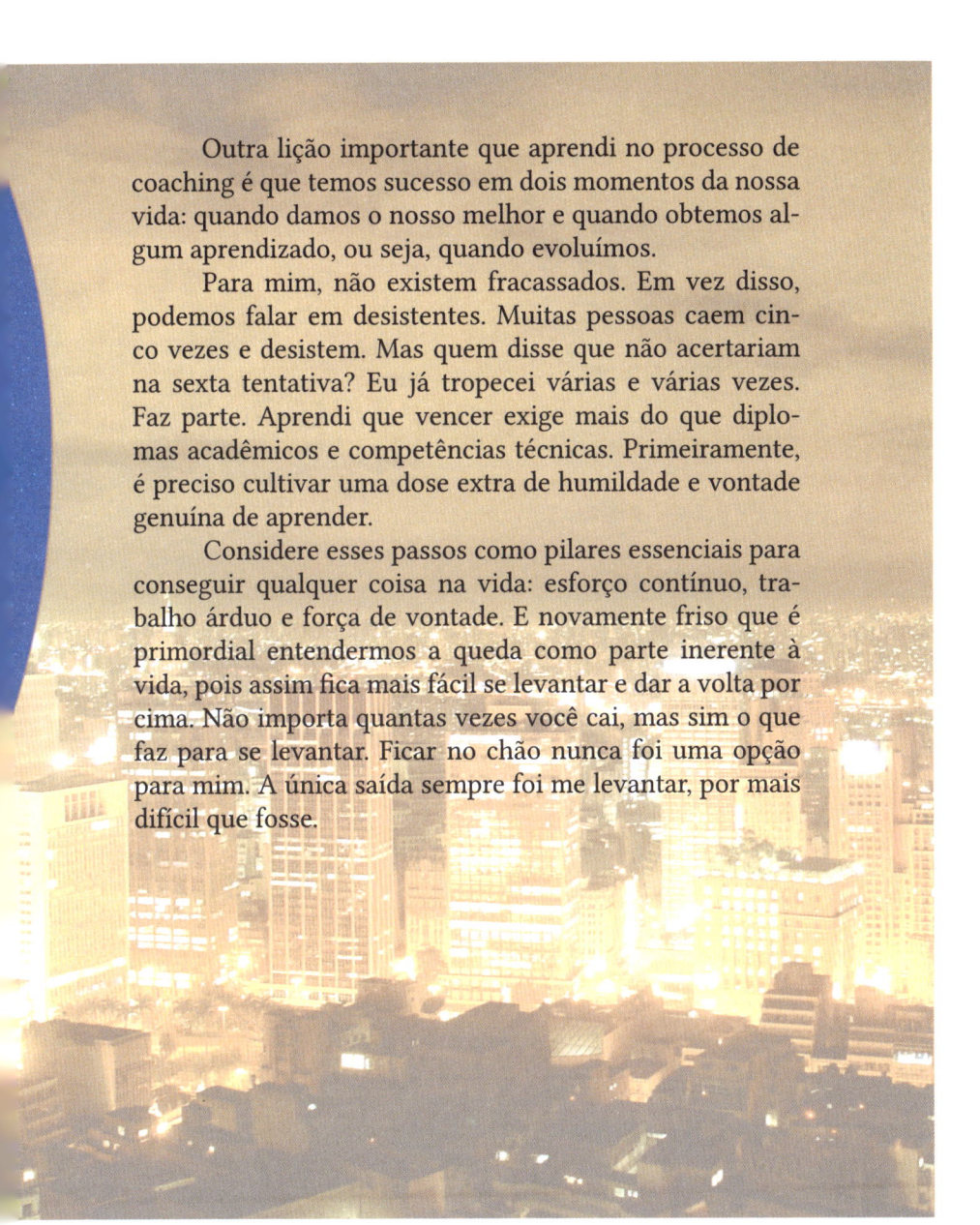

Na minha nova cidade – São Paulo –, por exemplo, não conhecia ninguém que pudesse me ajudar, pois meus tios também levavam uma vida com muitas dificuldades. Eu precisei ter coragem e lutar, pois voltar para a casa de meus pais não era uma opção válida. Havia apenas a possibilidade de levantar a cabeça e seguir em frente.

Em momentos como esse a humildade, essa força incrível, precisa prevalecer. É uma atitude que também nos faz sempre manter os pés nos chão, que nos permite reconhecer nossas limitações e que não deixa o orgulho ou a ganância nos moldar. E ainda que conquistemos sucesso e poder, seja em termos profissionais, financeiros ou sociais, nossos valores pessoais devem ser preservados como nosso verdadeiro tesouro. Nunca me esqueço das minhas origens, de onde vim, de todas as dificuldades e superações por quais passei e me transformaram no que sou hoje, e muito menos das pessoas que me estenderam a mão. Procuro não fazer com o outro algo que eu não gostaria que fizessem comigo, justamente por ter aprendido a valorizar tudo isso que vivi.

> *Ao manter meus valores e crenças assegurados em mim, sou capaz de seguir fortalecida diante da vida.*

Ao manter meus valores e crenças assegurados em mim, sou capaz de seguir fortalecida diante da vida.

DE ONDE VEM O SUCESSO?

Pesquiso muito sobre o que têm em comum as pessoas mais bem-sucedidas do mundo, como Walt Disney, Bill Gates, Oprah Gail Winfrey e Silvio Santos. O que eles fazem (ou faziam) de diferente? Afinal, não somos todos iguais?

Quando se trata de agir, não somos, não. Acredito que o que diferencia uma pessoa de sucesso de um desistente é a atitude. Não acredito em sorte ou destino. Acredito verdadeiramente que o sucesso está baseado em quatro pilares: teoria, ação, prática e oportunidade. Tive uma gestora, Érica Oliveira, que certa vez disse: "Não há experiência difícil no mundo que não seja superada pela vontade de vencer". Acredito fielmente nisso. Há pessoas que colecionam diplomas e certificações, mas não deslancham na vida. Há outras, porém, que não possuem nada disso e se sobressaem, muitas vezes alcançando o topo da pirâmide. Por que há tantos empreendedores bem-sucedidos à nossa volta mesmo sem inúmeros títulos de formação? A resposta está na atitude, na ação. São pessoas movidas pela vontade de fazer, pela coragem, pela garra e pela dedicação. A formação acadêmica e os diplomas são importantíssimos – como mencionei anteriormente, se há uma coisa que valorizo na vida são os estudos –, porém, o estudo sem a prática não

> *Acredito que o que diferencia uma pessoa de sucesso de um desistente é a atitude. Não acredito em sorte ou destino.*

adianta nada; precisa haver uma combinação entre teoria e prática. Sempre.

Entretanto, essas características não servirão se não houver oportunidade. Apesar de muitos crerem ser algo meramente oriundo do acaso, afirmo que podemos buscar a oportunidade por meio de nossas próprias ações. Quando eu era gerente do Banco Ibi, uma das atividades de que eu mais gostava era a contratação. Poder dar uma chance a alguém que estava disposto a aprender, que vinha se preparando para conseguir a vaga, causava em mim um sentimento indescritível. Em uma das entrevistas de seleção, perguntei ao candidato se ele tinha experiência. Ele prontamente respondeu: "Eu ainda não tenho, mas quero muito trabalhar e, para que eu adquira experiência, preciso que alguém me dê uma oportunidade". Foi um grande aprendizado para mim. Eu adoro contratar para o primeiro emprego, pois participar de um momento incrível como esse para o ser humano me motiva e me inspira muito.

Não há segredo, basta entrar em ação! Existe uma diferença enorme entre aprender algo na teoria e, realmente, colocar em prática. Lao Tsé, filósofo e escritor da China Antiga, dizia: "Saber e não fazer ainda não é saber". É exatamente isso.

Durante minha formação em coaching, aprendi que há dois princípios básicos para o crescimento: o primeiro é o **FOCO NO FUTURO**. Normalmente, quando imaginamos como estaremos em dez anos, por exemplo, pensamos em coisas positivas, não que estaremos sem trabalho ou endividados. O futuro nos remete a coisas boas, novas possibilidades e conquistas. Nessa esfera, entra a importância dos pensamentos, pois eles também geram nossas emoções, que geram nossos comportamentos e ações para alcançarmos os resultados que esperamos. Trata-se de um processo cíclico, no qual um pensamento positivo vai gerar emoções, ações e resultados. Na teoria é simples, mas é preciso um grande esforço para controlar nossos impulsos e ordenar nossos pensamentos. Faça do pensamento positivo um hábito. Que tal ficar 24 horas sem reclamar? Eu garanto: é extremamente desafiador, mas a sensação é extraordinária.

O segundo princípio é a **AÇÃO CONSTANTE**. É por meio de nossas ações, do exercício contínuo de bons hábitos, que alcançamos realizações e conquistas. Pense em algo simples: se você quer emagrecer, adianta fazer exercícios apenas uma vez por mês? Certamente que não. Você vai precisar se exercitar ao menos três vezes por semana, além de melhorar seus hábitos alimentares. O mesmo vale para o trabalho, o relacionamento, aprender um novo idioma. Sabemos, no fundo, que toda mudança ou realização depende de nossa postura diante dos desafios. O diferencial será sempre buscar desenvolver nossas habilidades, compreender nossas limitações para superá-las, encarar nossos medos e traumas para assim romper com quaisquer amarras que nos prendam na inércia de uma vida sem propósitos e conquistas.

> *Faça do pensamento positivo um hábito. Que tal ficar um dia sem reclamar?*

QUAL É O SEU SONHO?

Eu tenho muitos, e sempre sonhei bem alto. Sempre acreditei. Sou daquelas pessoas que miram a lua, pois mesmo se errar terei certeza de que acertarei as estrelas. Desde criança, lá em Conceição do Coité, sonhava em morar em São Paulo e fazer faculdade de Jornalismo. Pela janela da casa dos vizinhos assistia aos jornais e me imaginava na bancada do noticiário. As pessoas riam de mim, mas eu não me importava, pois o sonho era meu e era muito maior do que tudo aquilo. E, principalmente, eu sabia que para alcançá-lo só dependeria do meu esforço.

Todo processo que vivemos é uma construção. Quando falamos de desenvolvimento pessoal, esse conceito torna-se ainda mais potencializado. Para construirmos fundações sólidas em nós mesmos, que nos permitam nos desenvolver para alcançar objetivos, há duas características básicas que, no entanto, considero as mais difíceis:

1. Disciplina

Comportamento primordial para alcançar o sucesso. Pense nos atletas de alta performance. Eles são especialistas em disciplina! E quão difícil é ter disciplina, quão difícil é dizer não! Quantas pessoas estão dispostas a abrir mão do conforto ou de algumas festas com os amigos? Quantas estão dispostas a dormir menos, a deixar de se divertir para fazer o que é preciso? Muitos querem o sucesso, mas são poucos os que abrem mão da comodidade!

Há dias, por exemplo, em que eu trabalho 17 horas seguidas, indo dormir por volta de 1h30 da manhã e acordando às 4h30. Sim, muitas vezes abro mão do meu conforto e da minha qualidade de vida para alcançar o que determinei como objetivo. As pessoas de sucesso possuem disciplina e comprometimento. Essa não é nenhuma declaração de que você tenha de agir em constante privação a vida inteira; contudo, em determinados momentos, é necessário. O mais importante é entender que precisamos encontrar o nosso equilíbrio – que difere para cada um – e assumir um compromisso saudável com ele.

Esse preceito vale para tudo na vida. Você já parou para pensar no número de pessoas que começam a fazer academia e desistem? Começam uma dieta e na semana ou mesmo no dia seguinte a abandonam? Basicamente, falta disciplina. Pode ter certeza de que há profissionais por aí mais talentosos do que você ou eu, mas que não fazem o que fazemos, pois não conseguem manter a disciplina. No meu caso, uma coisa que ajuda muito na disciplina é ter sempre um propósito maior. Por exemplo, quando falo em dieta, meu propósito maior é a saúde; quero envelhecer de modo saudável, pois eu amo viver, e quero ter qualidade de vida para poder realizar todos os meus sonhos e ajudar a transformar muitas vidas. Com esse propósito claro em minha mente, consigo ter foco e disciplina na dieta e nas atividades físicas. Esse é o meu porquê, e todos precisam ter um para qualquer coisa que venham a fazer na vida. Então eu pergunto: qual é o seu porquê?

A vida é naturalmente composta de hábitos, originados e estabelecidos pelas nossas ações. Você não se torna rico do dia para a noite, fica acima do peso de repente ou emagrece num piscar de olhos. Cada situação dessas exige um esforço contínuo. Logo, a disciplina é a sequência de repetições, a sequência do hábito de fazer o que é necessário todos os dias! E o sucesso vem dessa regra – seja no aprendizado de um novo idioma, na participação em um curso livre, na dança, no canto, na academia ou no trabalho. A lista é infindável, mas o importante é saber o que buscamos e não nos esquecer do quão necessária é a disciplina para obtermos resultados.

"Disciplina é a ponte que liga nossos sonhos às nossas realizações", disse Patrick Daniel Tillman Jr., ex-jogador de futebol americano e militar estadunidense.

2. Inteligência emocional

Está aí algo extremamente difícil. Neste momento eu até respiro fundo para falar sobre esse tema. Um conceito que exige o exercício do autocontrole e da paciência tanto para saber o momento certo de agir, de falar, de não deixar que qualquer ruído externo nos desestabilize, como, por exemplo, quando uma pessoa nos atrapalha de alguma forma em nosso trabalho; ou quando devemos falar "não"; ou, quando por ansiedade ou qualquer outra emoção alterada, comemos muito mais do que apenas o suficiente. Conhecer nossos limites é uma prática constante de autocontrole.

> *Loucura é querer resultados diferentes fazendo tudo exatamente igual!*

Você passa a agir com inteligência emocional quando começa a ter noção das consequências que determinado ato irá trazer, a partir do momento em que racionaliza as consequências. Exemplificando, se não conseguimos enxergar o estrago que o açúcar em excesso causa em nossa saúde, ou os danos que uma discussão causa em nossos relacionamentos, nas relações com os nossos filhos e amigos, estaremos suscetíveis ao descontrole.

Sempre pergunte a si mesmo: se eu continuar agindo como hoje, como vai estar minha vida daqui a cinco anos? Porque a vida que você tem hoje é consequência do que fez anos atrás. Hoje, quando olho para trás, consigo lembrar de quase todas as vezes que perdi o controle, em que não tive a habilidade de contornar; vejo os estragos que isso gerou e me pergunto se quero continuar tendo esses danos. Se você não está feliz com a vida que tem, precisa aprender a mudar seu comportamento. Sabiamente dizia Albert Einstein: "Loucura é querer resultados diferentes fazendo tudo exatamente igual".

Confesso que já me irritei demais, já falei sem pensar inúmeras vezes. Só o tempo e as experiências adquiridas me fizeram mudar. Hoje, procuro pensar cautelosamente antes de responder em uma situação de mais estresse, e se vejo que não estou em um bom momento, peço um tempo para pensar. Paro e respiro. Nem sempre consigo, muitas vezes ainda escorrego, mas o importante é que consigo enxergar os meus erros e busco sempre fazer o melhor. É de fato um exercício diário. Estou longe de ser como gostaria, mas evoluo um pouco a cada dia, passo a passo, degrau por degrau.

Por exemplo, se sua carreira não está indo para a direção que você quer, se a promoção que acha que merece não acontece ou se não consegue se dar bem com gestor nenhum por conta de seu temperamento explosivo, é hora de parar, repensar seu comportamento e buscar ajuda profissional se preciso. Daqui a cinco anos, provavelmente, vai estar na mesma situação se continuar agindo igual. Então, o que você deve mudar hoje para conseguir alcançar suas metas? Por que acha que muitas pessoas, entra ano e sai ano, estão no mesmo lugar? Porque não racionalizam as consequências de suas atitudes e, consequentemente, não se transformam.

COSTUMO SEMPRE ME QUESTIONAR:

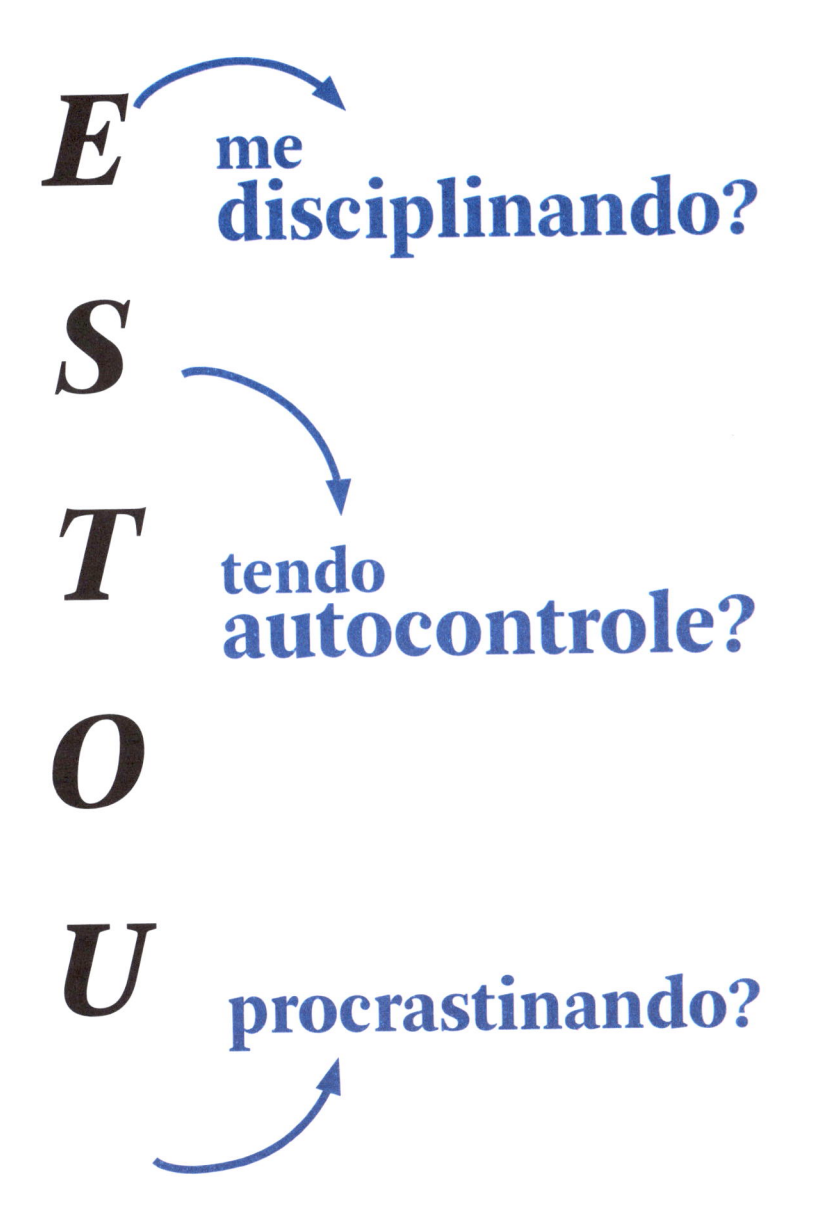

E — me **disciplinando?**

S

T — tendo **autocontrole?**

O

U — **procrastinando?**

O PODER DE MUDAR ESTÁ COM VOCÊ

A minha luta para ser melhor a cada dia é constante; busco ter cada vez mais sucesso, e o tempo inteiro aplico isso em minha vida.

Na época em que trabalhava no Ibi, meu primeiro emprego em São Paulo, chegou um momento em que estava cansada de ser promotora de vendas e ter de abordar as pessoas que passassem na rua. Queria trabalhar no caixa, pois era a função que só as pessoas de extrema confiança podiam exercer. Logo decidi pedir a mudança de cargo à minha supervisora, Marina Martins, uma profissional extremamente importante para mim. Eu não podia exercer essa função, pois ainda não tinha completado 18 anos, mas já podia ser preparada para tal. Como trabalhávamos com metas, então sugeri bater a minha meta como promotora de vendas antes do horário estabelecido para poder participar do treinamento. Me vem à mente a supervisora dizendo: "Quem dera as pessoas de 30 anos tivessem a atitude, ousadia e determinação que você, aos 17 anos, tem". Ela aceitou a minha proposta e, no dia seguinte, eu estava no caixa em treinamento. Quando completei 18 anos, passei a exercer a função.

Como sou muito obstinada, queria ser a melhor caixa e, realmente, consegui ser por muito tempo. Pensava em como fidelizar os clientes, na melhor abordagem, em como fazer o melhor atendimento personalizado, em tudo que dizia respeito ao meu trabalho. Ficava surpresa ao saber que havia clientes que esperavam até uma hora para serem atendidos por mim! Como consegui realizar esse feito? Acredito que nunca atendi as pessoas objetivando a meta que precisava bater. Isso era consequência. Meu verdadeiro objetivo era resolver os problemas dos clientes para que eles se sentissem seguros, para que vissem a empresa como uma parceira, para que pudessem sair mais felizes do que entraram. Com a felicidade deles, consequentemente, eu me realizava também. Uma troca justa, não?

Após mais um tempo, decidi que era hora de dar o próximo passo: ser caixa-geral. Esse foi um dos momentos mais difíceis e dolorosos que experimentei. Crescer não é fácil, e dói mesmo. Ao falar com a minha chefe, que nessa época era justamente a Érica Oliveira, ela me disse que não havia chance, pois eu não tinha o perfil para a função. "Você é egoísta, olha apenas para o próprio umbigo, só se preocupa com você, além de ser arrogante. Essa função exige mais do que faz hoje, requer trabalho em equipe e preparo para desenvolver pessoas, para que elas se tornem tão boas quanto você. Essa é a função de um gestor", disse. Foi um choque de realidade, que me fez enxergar como estava sendo vista e, principalmente, um alerta para mudar de direção com relação às minhas atitudes, para que não me tornasse uma pessoa que não queria ser. Tenho muita admiração pela Érica, pois aquele *feedback* mudou minha vida, foi essencial para meu crescimento profissional. Apesar de aquele comentário ter parecido duro, ela sabia que apenas daquela forma direta eu entenderia. Era a maneira de me motivar. O meu coração transborda de alegria ao falar da Érica, me espelhei muito nela. É uma mulher forte, empreendedora, linda por dentro e por fora, de uma luz que ilumina todos à sua volta, um exemplo de gestora e de ser humano. Ela faz parte da minha transformação como pessoa e como profissional.

Aprendi que de modo geral as pessoas são motivadas de duas maneiras: pela dor ou pelo prazer. Naquela época, ela já havia percebido rapidamente que o que me motivaria seria a dor, o desafio.

Logo pensei: "Se ela está falando que sou egoísta, preciso melhorar. Não apenas para conseguir o trabalho, mas por não querer ser egoísta realmente. E vou provar que eu consigo, sim, treinar pessoas". Claro que foi muito difícil. Voltava para casa chorando inúmeras vezes. É complicado abrir mão do nosso ego, do nosso orgulho, do sentimento de sermos o melhor.

Note como o "medo de perder" é algo que nos limita. Na época, pensava que se eu ensinasse todas as técnicas que usava com os meus clientes, os outros funcionários passariam na minha frente, seriam mais competentes e valorizados. Então, felizmente, me deu um estalo. Compreendi que, ao ajudar o outro a subir, eu subiria também. Meu desafio foi, então, o de treinar uma pessoa para me substituir, mas, como aprendi que meta não é apenas para ser batida, e sim superada, resolvi treinar e ensinar três. Esqueci minha meta pessoal e comecei a pensar na meta da empresa. Treinei uma por uma, até que ficassem ótimas na função. Foi um momento radical – e crucial – em minha vida. Consegui capacitar toda uma equipe e então fui para o caixa-geral. De fato, a Érica foi fundamental para meu crescimento ao me ensinar que, se eu quisesse evoluir na carreira, teria que ajudar as pessoas, meus colegas e meu trabalho, e não apenas o cliente. E isso verdadeiramente me fez ser mais do que uma profissional melhor, me transformou em um ser humano melhor. Hoje, levo esse lema para a vida.

#30 SEGUNDOS DE CORAGEM

Pare e reflita: Se você continuar fazendo o que está fazendo hoje, como vai estar a sua vida em cinco anos? Tem tido atitude e perseverança?

Capítulo 3

A solidariedade e a gratidão são redentoras

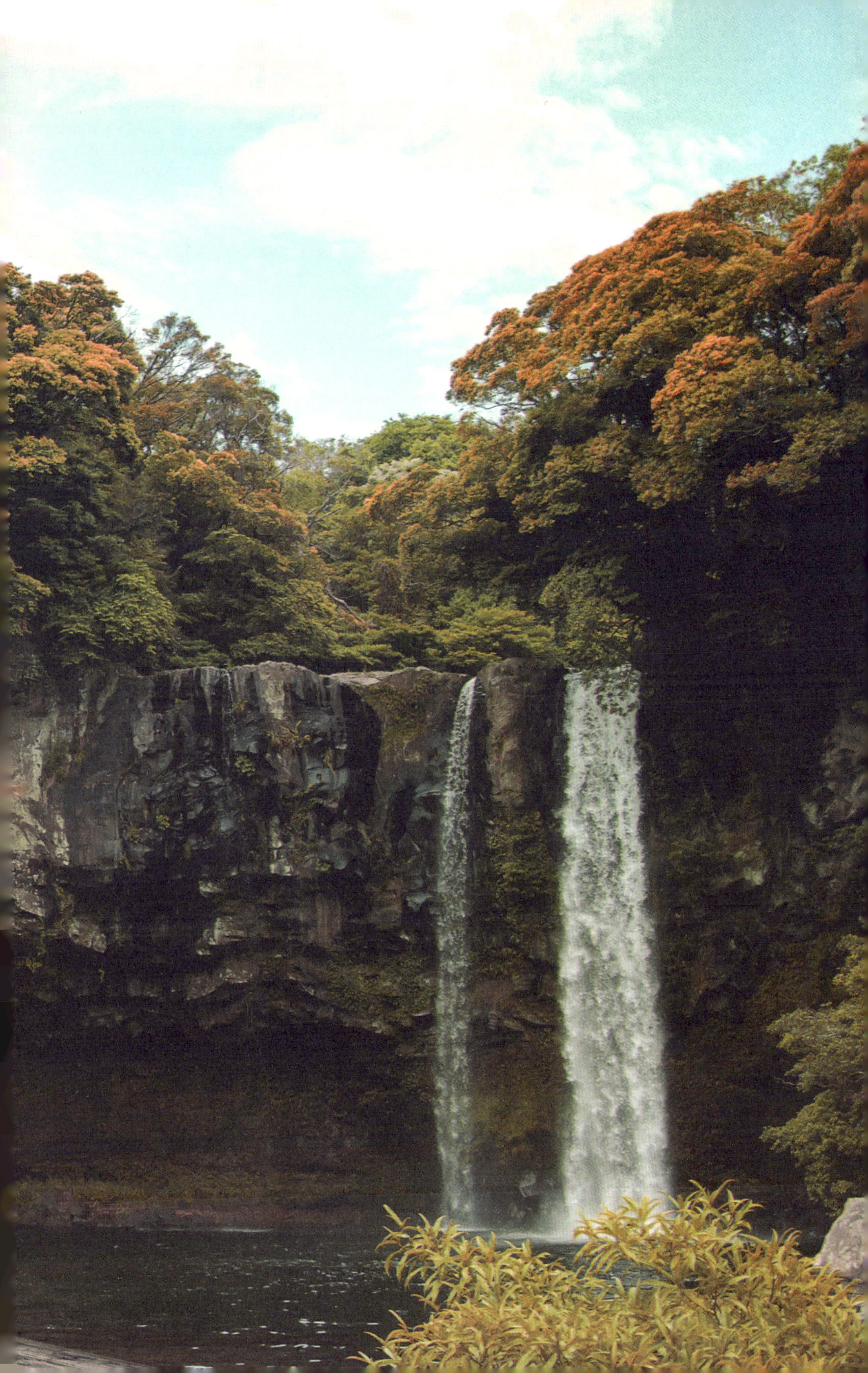

O SEGREDO PARA TRILHAR UM CAMINHO DE SUCESSO É, ALÉM DE TER METAS E OBJETIVOS CLAROS, PODER CONTAR COM PESSOAS CUJO PROPÓSITO DE VIDA SEJA O COMPROMISSO COM O OUTRO

Nada que realmente importa vem sem esforço. E não estou falando de dinheiro. Falo de compromisso, de lealdade, de amizade. Apesar do pouco cuidado e carinho que tive durante a infância, aprendi a valorizar a importância desses sentimentos. Aprendi também, desde cedo, e por uma questão de sobrevivência, que é preciso fazer para ter. A busca por novos rumos em minha vida e o autoconhecimento abriram ainda mais espaço para a potencialidade de sentimentos como gratidão e solidariedade, principalmente no que se refere à força do compromisso com o outro. Nesse caminho, atraí pessoas que me ajudaram a alcançar minhas metas e objetivos e, assim, chegar onde estou hoje. Costumo dizer que encontrei anjos em minha vida, pessoas que foram fundamentais para o meu crescimento, para as minhas conquistas profissionais e pessoais. Tenho certeza de que não seria quem sou sem esse apoio.

Aprendi também que é preciso fazer para ter.

Não atribuo os acontecimentos da vida ao acaso. Há uma razão, um propósito para todas as pessoas que surgiram em meu caminho. Digamos que a lei da atração, que diz que os pensamentos das pessoas (tanto conscientes quanto inconscientes) ditam a realidade de nossas vidas e as pessoas que atraímos, tem caminhado comigo ao longo de toda a minha trajetória. Procuro sempre me nortear pela justiça, em ser correta com todos à minha volta. Isso não quer dizer que eu seja perfeita, claro que erro também, mas não intencionalmente. Além disso, sempre busco aprender com as minhas falhas.

Com a justificativa da correria da vida, infelizmente quase sempre seguimos distraídos, alheios ao que nos cerca. Quantas vezes passamos por pessoas que poderíamos ajudar, seja com um olhar, um abraço ou mesmo ajuda financeira possível para nós, mas que nem vemos? Olhar ao redor é fundamental para rompermos com essa abstração nociva. Então procuro prestar atenção nas pessoas e também nas oportunidades, pois além de ajudar, acredito que sempre posso aprender com o outro. Não poderia ser diferente, uma vez que sempre tive muitas pessoas olhando por mim.

Nada que realmente importa vem sem esforço.

Olhe ao redor e veja se pode fazer algo pelo outro. Quando estamos abertos a praticar atos solidários, exercitando o bem livremente, somos capazes de enxergar quantas coisas boas também recebemos de volta nessa vida.

Na infância, ainda em Conceição do Coité e antes de conseguir um canto só meu para morar, saí de casa. Tinha por volta de 13 anos de idade e decidi ir para a casa de uma amiga – um dos primeiros anjos da minha história –, a fim de me esquecer do medo e daquele sofrimento que sentia na pele. "Peu", seu apelido na época, fazia bolos para vender, e logo decidi ajudá-la. Era uma maneira de retribuir o lindo gesto que ela teve ao abrir sua casa para mim. Até que o negócio começou a crescer. Além de bolos, ela fazia comidas salgadas e trabalhava também com a entrega dos produtos – a veia empreendedora insistia em pulsar forte, e eu adorava tudo aquilo! Foi um tempo de muito aprendizado e troca, em que reforcei meu pensamento de que poderia ir mais além, poderia ter uma vida muito mais digna e feliz do que aquela que levava. Em termos de empreendedorismo, essa experiência foi muito significativa para a construção da minha vida profissional.

Assim que cheguei a São Paulo, outro anjo cruzou meu caminho. Mudei em busca de um sonho, mas na bagagem havia apenas a imensa vontade de ter uma vida diferente, de me formar e trabalhar. Depois de sair da casa do meu tio, minha irmã e eu fomos morar em uma vila em Pirituba, na zona Norte de São Paulo, e não tínhamos dinheiro para absolutamente nada, sequer para comer. Mas havia trabalho! Tinha acabado de começar a trabalhar, mas precisava esperar completar 15 dias para receber o vale-refeição e o vale-transporte; era assim naquela época. Foi graças a Helena, amiga da minha irmã Paula, que não passamos fome. Todos os dias, ela preparava uma marmita e deixava pendurada no trinco da minha porta. Jamais me esquecerei desse gesto, sem falar em todas as outras coisas que ela fez, como conseguir um fogão emprestado da igreja, um cobertor, pratos etc. A Helena é uma pessoa extremamente importante nas nossas vidas. Ela nos estendeu a mão no momento em que mais precisávamos.

O próprio emprego, aliás, consegui também com a ajuda do Willian Brito. Trabalhei no Ibi, banco de soluções financeiras, como promotora de vendas por quase sete anos. Foi a minha primeira experiência profissional em São Paulo e em uma empresa de grande porte que possui uma missão que sempre me acompanhou, na qual fielmente acredito: cuidar bem das pessoas. Lá, a meta sempre foi atender ao cliente da melhor maneira possível – o que também acontece com os funcionários.

Hoje, tendo passado por tudo que passei, sei que ajudar colegas de trabalho ou do convívio pessoal, além de nos fazer bem, produz um efeito positivo na construção de uma rede de contatos efetiva. É o chamado exercício da cidadania organizacional, que a instituição de ensino Insper define como a disposição de dar um apoio que excede o escopo do trabalho para beneficiar a companhia, um funcionário ou um amigo, e que pode contribuir para que o profissional que prestou o auxílio seja recomendado por colegas em projetos e vagas de trabalho.

Segundo estudos do Insper, atitudes positivas direcionadas a uma equipe funcionam melhor do que gestos direcionados a apenas uma pessoa. "Funcionários confiam mais em quem olha para a coletividade", explicou Sean White, psicólogo e especialista do núcleo de carreiras do Insper, em uma entrevista.

As relações estabelecidas fora do ambiente de trabalho, como em *happy hours*, encontros em associações, clubes ou igrejas, também ajudam muito. Acredito que quem se doa aos outros tende a ter um crescimento mais rápido. Comigo foi assim, e hoje percebo isso em minha empresa, na qual aplico sempre que possível esse conceito. Contudo, é importante ter em mente que o retorno não é imediato, e a doação não pode ser feita esperando algo em troca. Trata-se de algo gratuito. E nem sempre você consegue ajudar quem o auxiliou, mas o importante é manter essa sinergia.

Pode parecer bastante desafiador manter práticas como essa quando pensamos sempre em falta de tempo, mas, na realidade, trata-se de um exercício muito mais simples do que imaginamos. Listo a seguir quatro atitudes que reforçam o que podemos chamar de círculo de generosidade:

1. Pense positivo

O primeiro passo é manter o pensamento positivo. Aprendi, ao longo da vida, que os nossos pensamentos também geram nossas emoções, que por sua vez geram nossas ações e comportamentos e, consequentemente, nossos resultados. É uma lógica simples: se pensarmos de maneira positiva, teremos ações e resultados positivos. O cerne está em nossos pensamentos. Procure examiná-los atentamente. Obviamente, podemos muitas vezes encontrar dificuldade em manter esse hábito; pensamentos ruins podem aparecer. Mas nada que uma dose de esforço extra não seja capaz de mudar. A casa em que morava lá no interior da Bahia era cheia de buracos no teto e, através deles, eu conseguia olhar as estrelas e ter certeza de que minha vida iria mudar – veja que exercício incrível de PNL!

2. Seja grato

Agradecer é essencial. Agradeça sempre, e por tudo. Não importa a dificuldade pela qual esteja passando, pois sempre há coisas boas na vida. Valorizar as pequenas coisas faz toda a diferença quando pensamos que as atitudes mais simples para nós podem ser as mais complexas para muitos, por exemplo: poder comer, se movimentar, falar. Já pensou nisso? Sinta a brisa do vento no rosto, permita-se pensar em como esse gesto pode fazer extremamente bem. E eu pergunto: o quanto você é grato pelas pessoas que fizeram ou fazem alguma coisa por você? O quanto você é grato pelo simples fato de elas existirem?

3. Tenha vontade de ajudar

No dia a dia do trabalho, por exemplo, a capacidade técnica importa, mas o profissional que vai além de sua função pelo bem-estar da equipe cresce muito mais do que aquele igualmente capacitado que apenas age dentro de sua área, que só se importa com suas próprias metas e resultados. Mas é preciso ressaltar que não adianta forçar uma situação se esse sentimento não fizer parte do que você é, de seus valores e do que acredita ser o correto. Nesse caso, faça um autoexame de consciência e defina o que realmente é certo.

4. Compartilhe conhecimento

No capítulo anterior, contei sobre minha própria resistência em compartilhar o conhecimento que tinha em atendimento ao cliente por medo de ser superada. Entretanto, como pudemos ver, não há fundamento nessa postura. Ao contrário, essa atitude resultou em somatória e aprimoramento para a minha carreira. Então, se você tem domínio sobre alguma atividade, ou facilidade em um segundo idioma, por exemplo, e percebe que um colega está com dificuldade, procure ajudá-lo. Não tenha dúvida de que esse gesto somará pontos para você.

CRESCIMENTO ACELERADO

Para crescermos, evoluirmos, precisamos saber para onde ir. Como uma pessoa determinada, eu sempre soube o que queria para a minha vida: estudar para me desenvolver profissionalmente, conseguir obter recursos financeiros e dar uma vida diferente à minha família e a mim mesma. Para que todos esses planos se tornassem possíveis, tracei metas e objetivos. Sem estabelecermos esses eixos, muito provavelmente não conseguiremos agir de forma efetiva para alcançar o que almejamos.

Um estudo da consultoria Etalent, especializada em gestão de mudança pessoal e educação do comportamento, mostra que a insatisfação profissional tem ligação direta com o planejamento de carreira: 55% das pessoas que fazem um plano de carreira se sentem felizes com seu trabalho, ao passo que apenas 33% dos que não têm esse plano podem dizer o mesmo. O planejamento para conquistar objetivos é um combustível e tanto para a motivação de ir atrás do que queremos.

É como tudo na vida: você provavelmente não transfere a responsabilidade pela sua saúde para o seu médico, nutricionista ou personal trainer, certo? Eles podem ajudá-lo com suas metas, mas nunca cuidar do seu corpo como você. Com a carreira funciona do mesmo jeito. O planejamento é uma maneira de enxergar, de forma positiva e estimulante, nosso caminho profissional. Apenas nós mesmos saberemos quais passos farão sentido para a carreira que queremos construir.

Fiquei por quase sete anos no Ibi, mas não deixei de ir a entrevistas de emprego, pois era uma forma de adquirir mais experiência e ampliar meu *networking*. Não tinha vontade de sair da empresa na época; acreditava que ainda havia espaço para crescer lá. Cheguei a ser aprovada em dois processos seletivos de bancos, mas, ao conversar com a minha gestora, a Érica Oliveira, ponderei os prós e contras e optei por ficar no Ibi.

Até que uma ligação da Riachuelo mudou o rumo da minha vida. Apesar de ter ido sem pretensão alguma, passei no processo seletivo e, desta vez, decidi mudar de emprego. Com horas de trabalho a mais e muitas metas cumpridas, consegui uma boa rescisão, e foi assim que paguei a entrada do meu primeiro carro, que parcelei em 36 vezes! Estava ótimo, mais um sonho realizado e garra de sobra para continuar a minha trajetória rumo ao sucesso. Ter um veículo acabou sendo essencial também, pois no meu novo trabalho eu passaria a cuidar de 12 lojas, e precisaria realizar visitas em cada uma das unidades. Assim que comecei, viajei em treinamento para Belém do Pará, onde conheci várias pessoas e lojas diferentes e adquiri uma baita bagagem profissional! Foram 40 dias de treinamento por lá e depois mais 15 em João Pessoa, na Paraíba. Na Riachuelo, potencializei o aprendizado sobre a importância de treinar e desenvolver pessoas para o sucesso de uma empresa.

Estava então com 22 anos de idade e, ao voltar das viagens, tornei-me supervisora regional financeira da Riachuelo e assumi uma regional em São Paulo. Era a mais nova em um cargo de gestão para administrar uma das principais regionais, que possuía 12 lojas no interior, 12 supervisores e 200 empregados em cada loja. Trabalhava de 14 a 16 horas por dia. Saía às cinco da manhã e voltava à meia-noite para casa. Sim, eu estava chegando lá. Essa época foi apenas o início

> *Só saberemos o que fazer se soubermos também onde queremos chegar.*

de uma jornada de muito sucesso e de muita dedicação ao trabalho.

Desde muito cedo em minha vida tive metas, planejei minha carreira até para saber se deveria dar um passo que não estava em meus planos, como o da Riachuelo. Isso porque *só saberemos o que fazer se soubermos também onde queremos chegar*. Felizmente, sempre é tempo para se planejar. O primeiro passo é encarar o combo **autoconhecimento + reflexão**. É importante ter em mente quais são seus objetivos principais, tanto na vida pessoal quanto na profissional. Reflita:

- COMO VOCÊ SE VÊ A MÉDIO E LONGO PRAZO?
- O QUE VOCÊ MAIS VALORIZA: SEGURANÇA FINANCEIRA, EXPERIÊNCIAS DIVERSIFICADAS OU REDE DE RELACIONAMENTOS?

A partir disso é que você poderá pensar em uma trajetória e buscar oportunidades para alcançar seus objetivos.

BUSQUE O CRESCIMENTO

Para começar seu planejamento é importante checar se as suas metas pessoais estão de acordo com as profissionais, já que boa parte das frustrações é consequência da falta de alinhamento entre ambas. Por exemplo, se você deseja trabalhar no exterior, deve checar se a empresa em que pretende entrar oferece esse tipo de benefício ou se prioriza o equilíbrio entre vida profissional e pessoal, verificar se há a possibilidade de fazer *home office*. Sem pensar nesses pontos, fica difícil mesmo se sentir satisfeito no trabalho.

Uma estratégia fundamental para ter crescimento profissional, segundo especialistas em carreira, é pensar e se planejar em três etapas:

1. Curto prazo – o agora

Hora de pensar se está feliz com suas atividades atuais, se gosta da empresa em que trabalha e se quer mudar alguma coisa em sua rotina de trabalho, uma visão para este ano e para o próximo.

2. Médio prazo – 5 anos

Aqui você deve definir seus próximos passos: se quer ser promovido e o que precisa fazer para isso; se pretende fazer um curso, como pós-graduação ou MBA; começar a se planejar financeiramente; definir qual cargo pretende ocupar.

3. Longo prazo – 10 a 15 anos

Essa é a visão geral da sua carreira e do seu propósito de vida. Onde você quer chegar? Quer ser presidente de uma empresa? Quer ter seu próprio negócio? Busca mais qualidade de vida ou mais dinheiro, ou quer um equilíbrio entre ambos? Trata-se de uma visão mais ampla e subjetiva, já que ninguém sabe os detalhes do que, de fato, vai acontecer nesse período.

Acontece que, muitas vezes, sabemos o que precisa ser feito, mas a prioridade está em outras coisas, e não naquilo que realmente importa. Deixamos de nos perguntar o que podemos fazer de melhor, onde estamos errando. Mas atente-se para não atribuir a responsabilidade das suas ações ao outro. Se errou, chame a responsabilidade para si e identifique o que deve ser feito.

O autoconhecimento e a reciclagem das nossas ações são extremamente importantes. Se algo deu errado hoje, busque lá atrás alguma situação em que você acertou. Todos nós, em algum momento da vida, fizemos algo muito bom e bem-sucedido que rendeu elogios. Essa é uma técnica de coaching em que, ao conversar com alguém com muita dificuldade, pergunta-se: "Você já passou por alguma dificuldade parecida? E o que fez para superá-la?" Resgatar esses momentos é essencial. É normal, por conta dos problemas ou de fracassos, as pessoas esquecerem seus valores, suas forças e suas qualidades. Se a pessoa não conseguir se lembrar de algo que tenha feito, pergunte se ela conhece alguém que tenha passado por situação semelhante e como essa pessoa reagiu. Pode ser alguém a quem se admire muito: que conselho minha mãe daria, por exemplo? Com isso, você resgata força, talento e atitude.

Tenha certeza de que, quanto mais disposição você tiver de ajudar o outro, mais fácil será atingir seus objetivos e metas, e mais pessoas com o mesmo propósito de vida e energia irá atrair para você. No fim, todos ganham.

#30 SEGUNDOS DE CORAGEM

Pare e reflita: Você retribui, na mesma proporção, a solidariedade que recebeu para alcançar um objetivo? Lembra-se de qual foi a última vez que ajudou alguém?

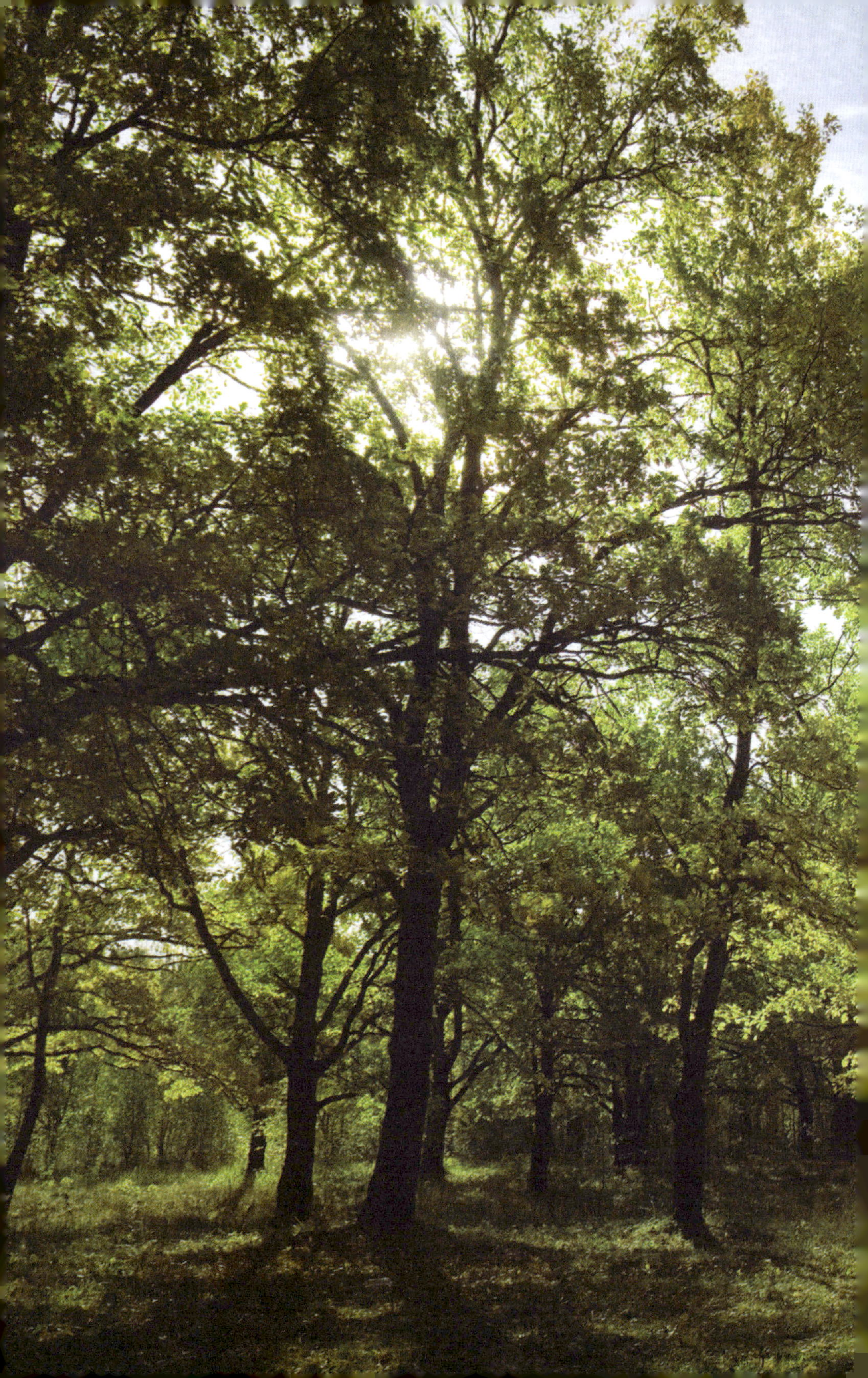

Capítulo 4

Em busca *de si* mesmo: *um caminho de evolução*

Saber mais sobre nós mesmos é libertador e pode ser o gatilho que faltava para o crescimento profissional e pessoal

QUANTO VOCÊ CONHECE DE SI MESMO? SABE QUAIS SÃO SEUS PONTOS FORTES E FRACOS? E SEUS MEDOS? AS RESPOSTAS PARA ESSAS PERGUNTAS SÃO IMPORTANTES PARA A CONSTRUÇÃO DE UMA TRAJETÓRIA DE VIDA PLENA E DE MAIS SUCESSO.

Sem falsa modéstia, o processo de conhecermos a nós mesmos é um dos mais desafiadores da nossa jornada. Imagine-se mergulhando nas memórias que lhe causam tensão (consciente e inconscientemente), até mesmo naquelas mais remotas, repassando como um filme cada experiência, cada dificuldade, luta, queda, trauma, para enfim entender os porquês que enfrenta no momento presente. Esse é um exemplo de como essa busca pela evolução pode causar dor, mas, ao mesmo tempo, é libertadora. Ao encararmos os nossos temores e bloqueios, passamos a ser capazes de ressignificar em nós o que nos impede de seguir adiante e, muito além de potencializar o que já conhecemos de bom em nós, possibilita enxergar o que desconhecíamos ser capazes de fazer até então.

É por essa razão que, a partir do processo de autoconhecimento, as pessoas alcançam melhores resultados tanto na vida pessoal quanto na profissional. Alguns estudos demonstram que aquele que se conhece bem melhora consequentemente a autoconfiança e a autoestima, conhece seus pontos fortes, o que ainda precisa melhorar e, acima de tudo, sabe lidar melhor com suas emoções, o que auxilia na tomada de decisões. A consultoria Talent aponta que deixar de investir no autoconhecimento é arriscar 20% das chances de sucesso.

Ainda que não se trate de um processo simples ou fácil de realizar, é essencial revermos a nossa história. Não podemos deixar que o medo de reativar emoções e lembranças doloridas, aquelas que preferiríamos esquecer, nos impeça de evoluir e de nos transformar ao debruçarmos numa análise de toda a nossa vida de maneira profunda. Ao desistirmos de olhar para nós mesmos, podemos perder a chance de crescer e encontrar as respostas para nossas limitações. Por exemplo, se você tem medo de mudar, de mudanças em sua vida, isso pode ser o reflexo de uma frustração advinda de uma situação passada mal-resolvida. Talvez um não dito, talvez uma perda muito grande. Mas lembre-se: você é a chave! Então busque a si mesmo. Analise suas emoções e sentimentos, as experiências vividas, as pessoas que conhece e a forma de reagir às situações.

Eu particularmente nunca tive medo de voltar ao meu passado, a exemplo de quando decidi escrever este livro. Sabia que faria um mergulho profundo no túnel do tempo, que acessaria emoções que mexeriam comigo, mas sabia que seria importante para mim e o quanto isso poderia ajudar outras pessoas.

Na verdade, as dores e o sofrimento sempre me motivaram. Eu sempre usei isso como uma força motriz, para que eu pudesse crescer e evoluir.

Assim que eu comecei a trabalhar no Ibi, enfrentei muitos desafios e preconceitos. O primeiro deles foi com relação a minha origem. Sou baiana, e por diversas vezes saí chorando da empresa em que trabalhava por causa dos risos e debochoes por causa do meu sotaque, das roupas simples que vestia. Eu ficava triste, claro, mas eu não me dava por vencida. Certa vez, um chefe que tive resolveu me chamar de incompetente. Eu já estava acostumada a trabalhar em São Paulo, já tinha levado muita bronca e havia criado minha resiliência. Eu conhecia o meu trabalho e tinha consciência do que fazia, então, quando ele me chamou de incompetente, respondi prontamente: "Eu tenho convicção de que não sou incompetente, mas, se você realmente acha isso, então o incompetente é você, que continua comigo". Nunca vou me esquecer da cara que ele fez olhando para mim. Como ele não tinha o que responder, começou a rir.

Hoje não tenho medo, e muito menos vergonha de tudo o que eu passei. Na verdade, sou grata por todo o aprendizado, e não me dói nem um pouco voltar ao meu passado, pois estou com tudo muito bem resolvido no meu interior, e meu propósito de ajudar as pessoas é muito maior. O que mais me alegra é saber que tudo isso ficou no passado e que agora é um novo tempo. Isso só me motiva a trabalhar cada vez melhor para nunca mais passar por tudo aquilo que passei.

COMO O COACHING PODE SER SINÔNIMO DE UMA VIDA COM MAIS SIGNIFICADO

Posso dizer seguramente que sou uma Patrícia antes do coaching e outra depois. Tudo começou na faculdade. Sou formada em Administração, e meu grupo e eu escolhemos o tema "A Transformação do Líder em Líder Coach: do líder tradicional ao líder coach" para o nosso trabalho de conclusão de curso. Com muito empenho, tiramos 10, e nosso TCC está até hoje na biblioteca da faculdade.

Eu me preparei muito para aquela apresentação – aqui ressalto mais uma vez a importância de se preparar para algo –; acho que eu sabia de cor o TCC de tanto que estudei. Escolhi a roupa com muito carinho; o primeiro terninho que comprei na vida foi para esse dia. Sentia minhas mãos geladas, o frio na barriga, o nó na garganta. Aquele dia foi um marco para mim: a garota que saiu de Coité e morava numa casa de farinha concluiu a faculdade. Foi uma emoção tão grande que não consigo descrever em palavras. Como sempre amei apresentações, com muito esforço, preparo e dedicação consegui tirar 10 na apresentação individual para a banca, sempre confiando em minha percepção, já que sentia que, de alguma forma, aquele tema mudaria a minha vida. Não deu outra. Alguns anos depois, me formei em Master Coaching na Sociedade Brasileira de Coaching, e logo em seguida fiz um MBA em Coaching, no qual estudei sobre a transformação do ser humano. Afinal, eu havia me transformado.

Foi mais um desafio vencido entre tantos na minha vida: eu morava em Recife e fazia o curso de Master Coaching em São Paulo nos finais de semana. Foram mais de 640 horas de estudos. E, logo em seguida, veio o MBA. Essa é mais uma prova de que, quando queremos algo e agimos, as coisas acontecem.

Hoje, em minha empresa, procuro repassar esse aprendizado à minha equipe por meio de treinamentos, como resoluções de conflitos, times de alta performance, foco nas soluções e gerenciamento de mudanças. Considero essencial ser uma Líder Coach, profissional que proporciona suporte e oferece ajuda no desenvolvimento do outro. Além de fazer também algumas sessões de coaching para os diretores, o que ajuda muito no desenvolvimento pessoal e profissional e na valorização de cada um deles.

O autoconhecimento é muito mais profundo e importante do que pensamos, pois, por natureza, tendemos a ser confusos. Temos que tomar decisões o tempo todo, fazer escolhas, e muitas vezes não sabemos o que fazer.

Perguntas como estas a seguir são cruciais a todos que se lançam na jornada do autoconhecimento:

- **VOCÊ SABE VERDADEIRAMENTE O QUE QUER PARA A SUA VIDA?**
- **QUAIS SÃO SEUS SONHOS MAIS PROFUNDOS?**
- **O QUE O MOTIVA?**
  Estabilidade financeira? Realização profissional?
  Desafios intelectuais? Autonomia? Flexibilidade de tempo?
  Espaço para construir relacionamentos?
- **QUAIS SÃO SUAS PRINCIPAIS HABILIDADES?**
  Técnicas? Liderança? Pensamento crítico?

Você pode pedir *feedback* ao seu gerente, caso trabalhe numa empresa, ou aos seus colegas e amigos. Pergunte o que eles acham que você faz muito bem e o que ainda precisa melhorar.

Particularmente, durante meu processo de evolução pessoal, em que estava no caminho de encontrar a mim mesma, algo que me ajudou muito foi a metodologia chamada Roda da Vida. Foi muito importante entender que a vida não se resume a apenas um único aspecto – nem só trabalho, nem só amor, nem só espiritualidade. Essa técnica consiste na avaliação pessoal separada em setores que são importantes para encontrarmos nosso equilíbrio pessoal. Precisamos trabalhar o equilíbrio em todas as esferas para realmente estarmos bem. Um pilar está ligado ao outro. Exemplificando, já reparou que, se estamos com um problema pessoal, desempenhar as atividades profissionais fica mais complicado? Claro que é difícil alcançar a plenitude em todas as esferas da vida, mas o importante é encontrar equilíbrio e ter a dimensão de como anda cada pilar. Só assim conseguiremos caminhar rumo à excelência nas atividades que nos propomos a realizar.

Pode ser que você esteja triste ou angustiado e não consiga identificar o que está faltando. Hoje é nítida a diferença que vejo na minha vida por ter consciência sobre todas as áreas e buscar equilíbrio entre elas, e percebo que as pessoas ao meu redor que não alcançaram ainda esse discernimento vivem infelizes. Conhecer a Roda da Vida mudou minha forma de enxergar a vida como um todo. E espero de coração que isso faça você enxergar sua vida por outro prisma também.

RODA DA VIDA

Observe neste gráfico cada um dos oito pilares de sua vida e reflita:

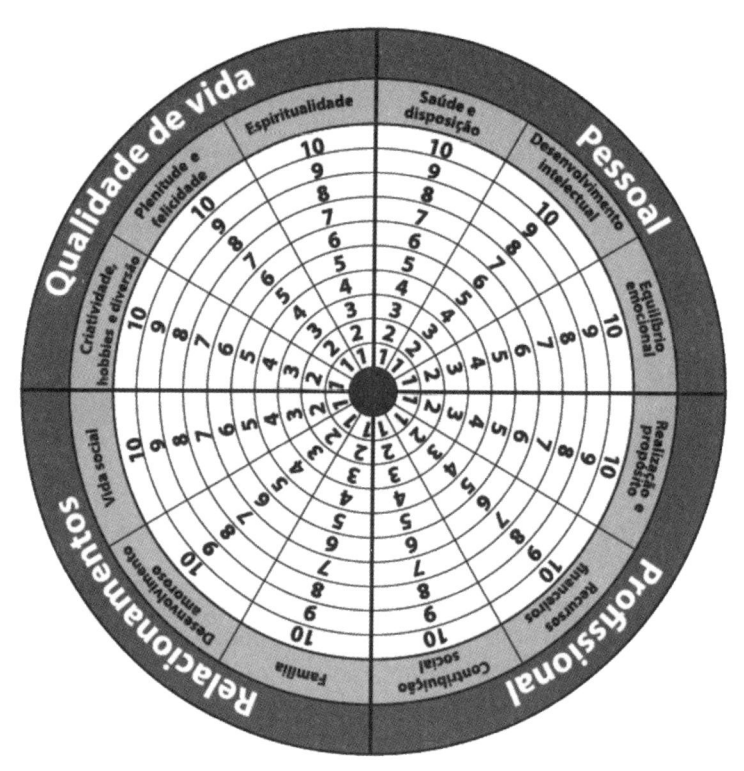

1. **Relacionamentos familiares e amizades:**
   Como é sua relação com essas pessoas (próxima ou distante), se é afetivo e aberto para conversar ou mais fechado.
2. **Lazer:** Quais atividades costuma praticar e quanto tempo se dedica a elas.
3. **Dinheiro:** Aqui você deve avaliar se sua renda é suficiente para arcar com as necessidades básicas e se sobra algo para viagens, por exemplo.
4. **Intelecto:** O tempo que você gasta com cursos, treinamento e leituras para se desenvolver.
5. **Espiritualidade:** A maneira como lida com sua fé e no que acredita.
6. **Amor:** Nesse pilar, entra o relacionamento amoroso, se tem alguém ou não e como se sente em relação a isso.
7. **Carreira:** Se você está feliz com seu trabalho, se ele está de acordo com seus valores e sonhos.
8. **Saúde:** Como cuida de sua saúde, se realiza exames periódicos, se alimenta-se bem e pratica alguma atividade física.

Agora atribua notas de 1 a 10 para cada pilar, de acordo com o seu grau de satisfação, e em seguida a nota que gostaria que o pilar tivesse, pensando em como aquele aspecto é importante para a sua felicidade. Há pessoas que dão mais valor ao amor do que ao trabalho; outras que preferem ter mais horas de folga e outras para as quais a satisfação profissional está acima disso. O importante é buscar a sua satisfação, o seu equilíbrio. E, ao perceber que o mais importante para você está com uma nota aquém do esperado, é hora de trabalhar para melhorá-lo.

Por exemplo: se notou que a parte da carreira está com nota 3 e você gostaria que estivesse com 9, pense em ações para chegar à nota que você espera e em quanto tempo pode mudar. Tudo isso vai lhe ajudar a ter mais consciência sobre quem você é. Tão importante quanto fazer essa análise, é realmente entrar em ação para poder melhorar, pois, se isso não acontecer, o exercício não terá resultado. Estabeleça um prazo para a realização das ações.

Quando trabalhava na Riachuelo, aprendi sobre a Regra 80/20, ou "Princípio de Pareto", que diz que 20% das suas ações trazem 80% do seu resultado. Fiz uso da Roda da Vida mais uma vez e percebi que, ao melhorar 20% de determinadas áreas, obtive 80% de resultado, ou seja, todo o resto mudou.

O Princípio de Pareto (também conhecido como Regra 80/20, Lei dos Poucos Vitais ou Princípio de Escassez do Fator) afirma que, para muitos eventos, aproximadamente 80% dos efeitos vêm de 20% das causas. O consultor de negócios Joseph Moses Juran sugeriu o princípio e o nomeou em homenagem ao economista italiano Vilfredo Pareto, que notou a conexão 80/20 em sua passagem pela Universidade de Lausanne, em 1892, como publicado em seu primeiro artigo, "Cours d'économie politique". Essencialmente, Pareto mostrou que aproximadamente 80% da terra na Itália pertencia a 20% da população. Pareto desenvolveu o princípio ao observar que, em seu jardim, 20% das vagens continham 80% das ervilhas.

É uma regra básica em negócios, por exemplo, "80% das suas vendas vêm de 20% dos seus clientes". Cientificamente, a Regra 80/20 é aproximadamente seguida por uma distribuição de lei de potência (também conhecida como uma "distribuição de Pareto") para um conjunto particular de parâmetros.

Para realizar essa prática, é fundamental olhar para dentro de si, ser o mais sincero possível consigo mesmo, pois somente a partir de novas ações é que conseguimos evoluir. Além disso, devemos também estar sempre atentos ao que as pessoas que trabalham conosco precisam. A propósito, é descabida para mim a ideia de ver o outro "apenas como um número". Quando preciso contratar alguém, a última pergunta que faço é sobre suas competências, pois habilidades são desenvolvidas, já o caráter é parte inerente de quem somos, mas falarei sobre isso mais adiante.

> *Perdemos muito tempo querendo mudar o outro, tentando achar explicação para tudo e, na maior parte das vezes, nos eximindo de nossas próprias responsabilidades. No momento em que percebi que meu sucesso e minha felicidade dependiam apenas de mim, tudo fluiu."*

Com o coaching, alcancei a real libertação que buscava há tanto tempo. Tal qual uma venda caindo dos olhos, percebi enfim que não seria a fuga do passado, a troca de ares ou qualquer outra mudança em minha vida que traria as respostas esperadas. Todas elas sempre estiveram em mim e, graças às sessões de coaching, me conheci verdadeiramente. Hoje, depois de tudo o que passei, de todas as lições que consegui extrair da minha infância em Conceição do Coité, estou em evolução constante para ser uma pessoa melhor a cada dia.

De maneira análoga ao jogo de xadrez, no qual ao mudar uma peça podemos mudar o resultado do jogo, o processo de coaching provoca uma série de evoluções em nossa estrutura. Somos a primeira peça, a qual nós mesmos precisamos mudar.

Em minha adolescência, quando resolvi sair de casa para morar sozinha e deixar para trás todo o sofrimento que amargava e o medo que sentia, convidei meu pai para almoçar em casa. Não importava mais o que havia se passado antes, não adiantava ressentir mal algum, pois para mim aquele momento era o meu começo de vida. Culpá-lo por qualquer desgosto seria em vão, além de apenas me deixar presa a uma vida que eu não queria mais.

Diferentemente do que muitos pensam, o coaching[1] não é apenas um treinamento. Trata-se de uma metodologia testada e voltada para o desenvolvimento de habilidades e competências que ainda não foram descobertas pelo "coachee", ou seja, pela pessoa que busca se aprimorar por meio dessa técnica. Esta é conduzida pelo coach (profissional especializado na área), com o objetivo de auxiliar o coachee (cliente) a definir metas e objetivos de curto, médio e longo prazo, que serão acompanhados e analisados no decorrer do tempo para avaliar os progressos. O coaching utiliza técnicas e procedimentos de outras ciências, como neurociência, programação neurolinguística (PNL), psicologia positiva e terapia comportamental. Com tudo isso, é improvável que não haja revoluções em nossa vida, no modo como encaramos nosso cotidiano, nosso trabalho e nossos relacionamentos. Trata-se de uma experiência única e transformadora no sentido mais amplo da palavra.

Segundo algumas tradições orientais, o homem possui todas as soluções para suas dúvidas, mas precisa saber acessar a sua inteligência superior ou essência, que pode ser traduzida por "self". Dentro do Life Coaching existe uma subdivisão denominada Self Coaching, metodologia que leva em questão o lado mais profundo de cada um, auxiliando no autoconhecimento e na identificação das limitações que impedem o sucesso e a felicidade. Já aconteceu com você uma "briga interna" entre dois pensamentos? Parecem duas vozes distintas. Uma delas diz, por exemplo, que você precisa levantar às 6h30 para trabalhar, e outra que fala: "tudo bem, durma mais um pouco, pois está muito cansado e já trabalhou demais". São nossos dois lados em batalha: o self 1, ligado à mente consciente e principalmente ao hemisfério esquerdo do cérebro, responsável pelo pensamento racional, concreto, analítico e lógico; e o self 2, relacionado à mente inconsciente e ao hemisfério direito do cérebro, que é mais emocional e funciona sempre no tempo presente.

O self 1 é a consciência, que vai sempre dizer que precisamos levantar e concluir o que nos propomos a fazer. É o lado que mais dá trabalho, no qual se gasta mais energia. O self 2 nos leva sempre ao prazer a curto prazo, aquilo que é mais fácil, como ficar mais tempo na cama. Na maior parte das vezes, o self 2 ganha, pois nosso cérebro é especialista em arrumar desculpas. É mais fácil ouvir esse lado, seguir pelo caminho que causará menos desgaste. Nessa hora, é importante pensar: "Ok, é mais fácil não fazer, mas quais serão as consequências disso em minha vida? Vou conseguir realizar meus objetivos dessa forma?".

Ao nos dedicarmos a fazer essa reflexão, certamente saberemos a resposta. Assumamos, então, um autocompromisso e continuemos focados em nossos propósitos!

FAÇA O SEU MELHOR SEMPRE

Aprendi que sucesso não consiste apenas em vitória. Sabemos que não é possível ganhar todas as vezes. Mas há dois tipos de atitude que geram sucesso. A primeira é quando você dá o seu melhor não importando o resultado: se vai vencer ou não, é mera consequência. O importante é que você sabe que fez o seu melhor. A segunda acontece quando você sabe que não deu o seu melhor, mas a experiência vivida fez com que você evoluísse, que aprendesse algo. Você consegue perceber que há ganhos em ambas as formas? Não significa que não deva se esforçar para conseguir o melhor resultado, mas que deve buscar agir, ter iniciativa e determinação para realizar seus objetivos tanto pessoais como profissionais. Hoje, o que busco em minha vida é sempre fazer o melhor no que me proponho fazer, não importando qual será o resultado, pois a cada ação manterei a certeza de que vou evoluir.

Por exemplo, quando faço uma aula de boxe, por mais que não seja atleta profissional e treine apenas para condicionamento físico, sempre procuro dar o meu melhor. Sempre busco realizar com o máximo empenho mesmo as menores tarefas. Portanto, não importa o que você faça, dê o seu melhor sempre, não pelos outros, mas por você mesmo. Acredito que esse também seja um dos meus diferenciais. Em todas as empresas pelas quais passei, as pessoas confiavam em mim, pois sabiam que, se me pedissem alguma coisa, eu faria sempre da melhor forma possível. Também não me negava a fazer tudo o que as outras pessoas não gostavam de fazer; com isso, consegui me destacar, afinal, fazer apenas o que se gosta é fácil.

O lema que carrego comigo é esse: todos os dias acordar disposta a aprender e a melhorar. Pergunto-me sempre: "Qual o aprendizado de ontem para hoje? Em que ponto eu consegui evoluir?" Nesse sentido, há dois norteadores importantes: ter a humildade de reconhecer os erros – pois eles fazem parte da vida, e é justamente quando erramos que mais evoluímos – e se desculpar, e agir para mudar e resolver o que o erro causou. Para isso, é essencial estar aberto ao aprendizado. O coaching trabalha quatro formas de aprendizado: o porquê, o quê, o como e o se. Trata-se do sistema Format System, criado por Bernice McCarthy[2], fundadora e diretora de inovação da About Learning, em Chicago (EUA), na década de 1970. Ela notou, ao dar aulas para crianças, que o aprendizado se dava de formas diferentes de acordo com a estrutura de pensamento de cada uma:

- 35% aprendem com o "porquê": Por que estamos fazendo isso? Por que isso acontece?
- 22% com o "quê": O quê? Fale sobre isso para mim, quantos tipos diferentes existem? Quais os nomes? De onde eles vêm e o que fazem?
- 18% com o "como": Mas como faço isso? Como funciona?
- 25% aprendem com o "e se": O que aconteceria se eu fizesse isso? E se algo mudar?

Enquanto o "se" lota as pessoas de conteúdo e informações, ajudando na autodescoberta, o "porquê" leva à discussão: por que preciso aprender? Por que isso é importante para mim? Por outro lado, o "que" é a teoria, o que aprendemos com livros e cursos; e o "como" é a parte prática, de aplicar o que aprendeu em seu dia a dia, de treinar.

Essa prática traz um ensinamento e tanto. Mostra, por exemplo, o que vai acontecer se você continuar fazendo o que faz daqui a algum tempo, e quais serão as consequências positivas por ter adotado determinado hábito. Assim, começará a perceber o que vai ganhar e o que pode perder e, dessa forma, irá se mover para o famoso "e se". O ideal é unir os quatro questionamentos, por mais difícil que seja, respondendo às perguntas-chave. Você vai notar uma grande diferença em seu aprendizado e no modo de ver e viver a sua vida.

#30 SEGUNDOS DE CORAGEM

Pare e reflita: Descubra quem você é. Responda: Como você tem encarado os seus medos? O que você pode fazer de diferente para evoluir?

Em relação à Roda da Vida, qual exatamente é a área que você precisa melhorar para ontem? Liste as atitudes que precisa tomar ainda hoje para que esse pilar de sua vida melhore.

Notas: [1] Sociedade Brasileira de Coaching (SBC). [2] O método está sendo constantemente desenvolvido por Bernice McCarthy e sua equipe (https://aboutlearning.com/).

Capítulo 5

Superação e fé: O poder de acreditar

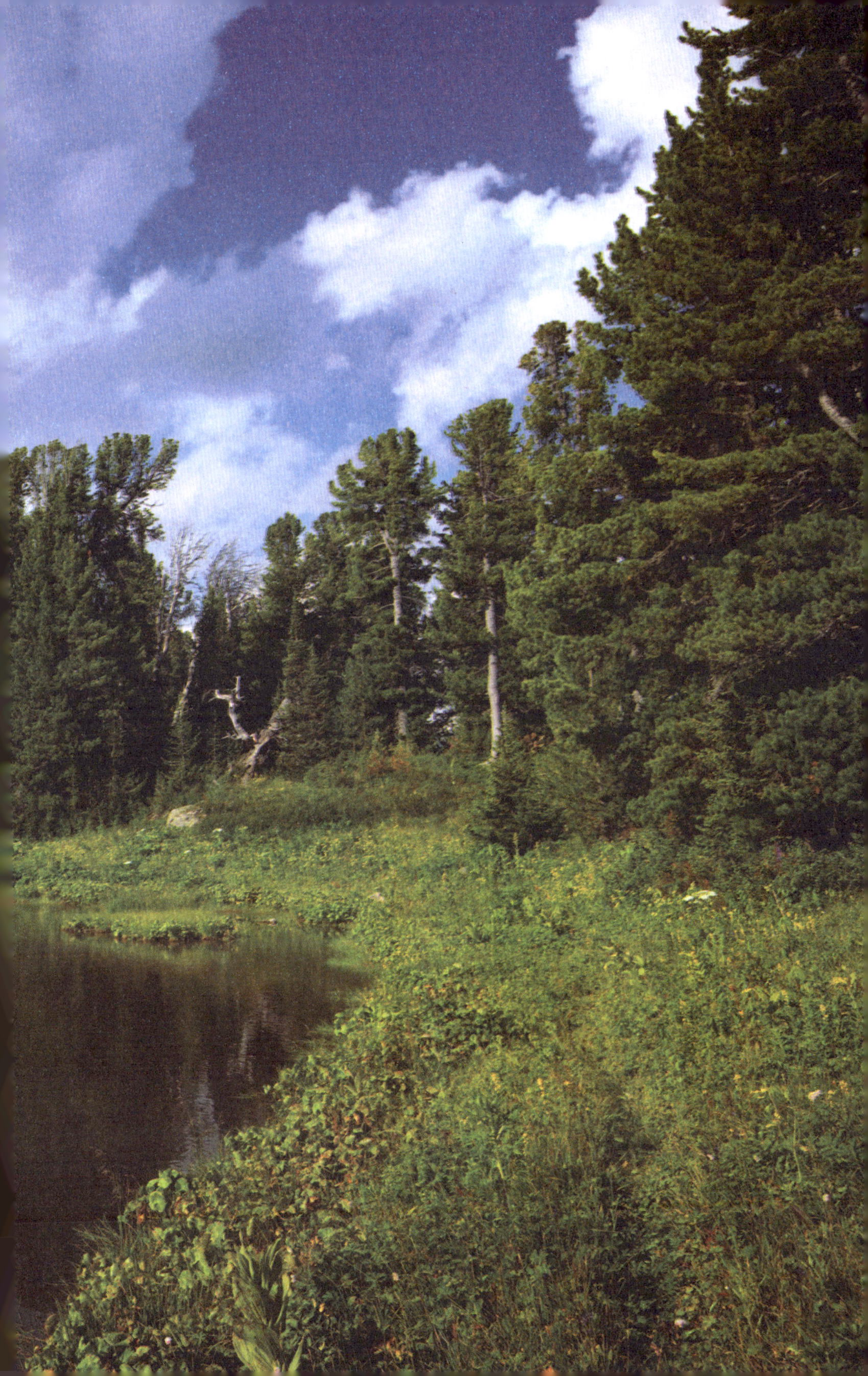

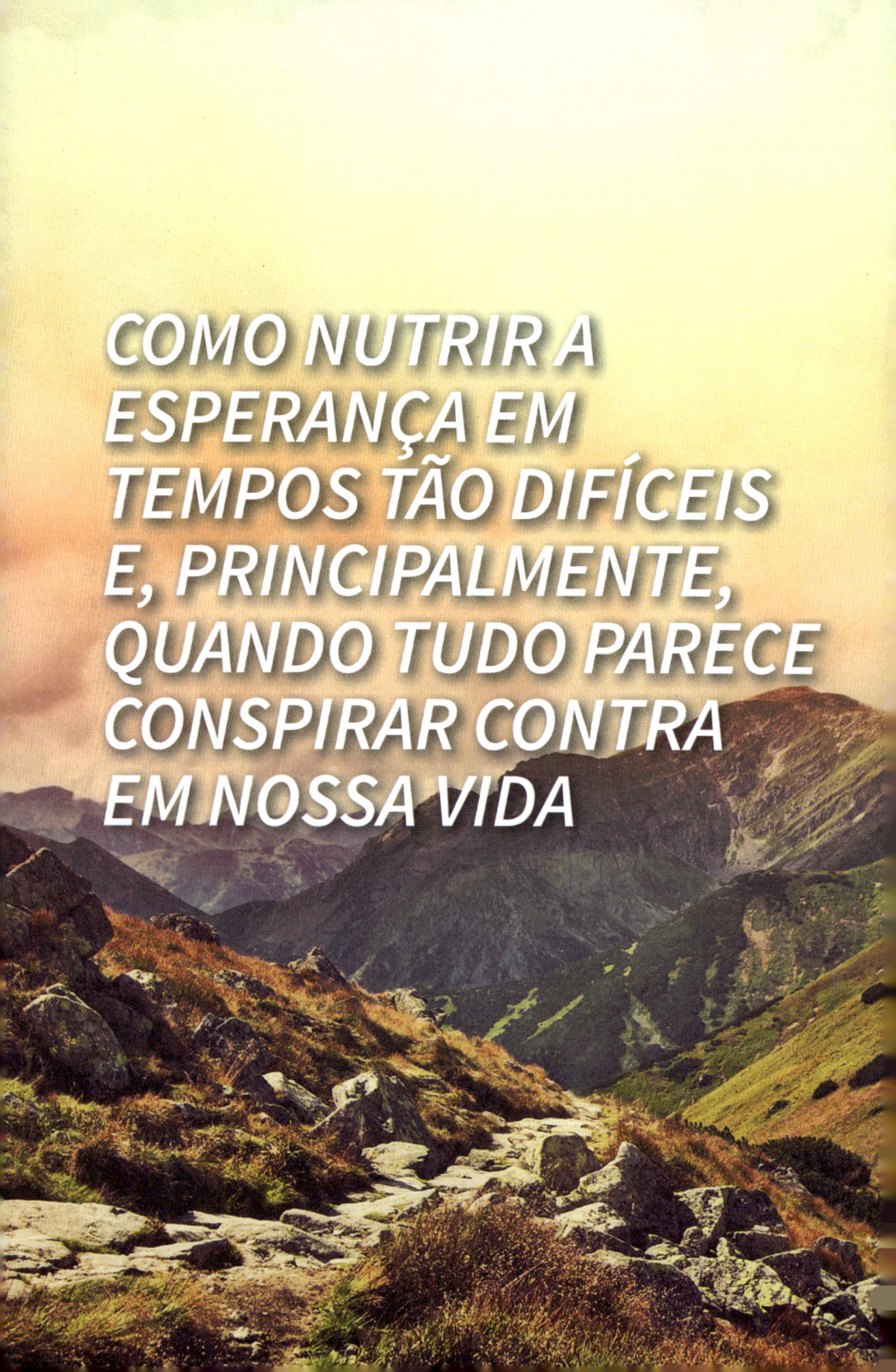

COMO NUTRIR A ESPERANÇA EM TEMPOS TÃO DIFÍCEIS E, PRINCIPALMENTE, QUANDO TUDO PARECE CONSPIRAR CONTRA EM NOSSA VIDA

Se há uma força que posso destacar em mim, essa força chama-se "fé". Fé em Deus, fé na vida, fé em mim. "Acreditar" pode ser considerado um dom para muitos, um hábito para outros, ou até mesmo um ato praticado involuntariamente. Mas o fato é que sempre acreditei, confiei em mim e alimentei meus sonhos. Sonhar está ao alcance de todos nós. Arrisco até a dizer que todos sonham, mas será que estão fazendo algo a respeito? O que faz a diferença em nossa vida consiste justamente nesse aspecto: o que você faz para realizar seus desejos para que eles não sejam relegados a uma mera ilusão?

Quando eu quis ir para São Paulo, por exemplo, pensei em todos os passos: quando quero ir e o que tenho de fazer para isso, onde vou morar, no que irei trabalhar? Eu só pensava no que deveria fazer para atingir aquele objetivo, e fui marcando as evidências que diziam que eu estava no caminho certo para realizá-lo. Tenho plena consciência de que meus sonhos nunca foram meros devaneios, daqueles que ficam na gaveta ou só no pensamento. Eu desejo e me pergunto o que preciso fazer para realizar. Foi assim com a mudança de cidade, com o ingresso na faculdade, quando construí uma casa para minha mãe e quando comprei meu primeiro carro. E continua sendo com tudo em minha vida.

Aprendi que, independentemente de sua religião, quando você tem fé, tudo flui melhor. Falo aqui em "acreditar" e ter "esperança", atitudes essenciais para qualquer pessoa que se propõe a fazer algo na vida. Cultivar o hábito de acreditar, de confiar em si e de ter forças para nutrir essas emoções é um poderoso combustível para crescer e impulsiona o sucesso. Eu tenho fé em mim e acredito em meu potencial, pois tenho claro em minha mente o quanto eu posso e o quanto sou capaz, mesmo quando tudo ao redor pareça dizer o contrário.

Muito mais do que acreditar em mim, acredito fielmente em Deus. Apesar de toda a minha força, sou apenas uma filha de Deus. Ele é o meu melhor amigo. Esteve, está e estará ao meu lado independentemente do que aconteça. Posso estar triste ou feliz, mas Ele sempre está me guiando, me protegendo e me iluminando. A minha fé inabalável reside Nele, que é grande, poderoso, onipotente, onipresente, que transforma as nossas vidas, que nos dá força e que nos guia mesmo nos momentos mais difíceis. Muitas pessoas perguntam de onde vem essa minha força. A minha resposta é uma só: vem de Deus.

Como comentei, minha infância não foi nada fácil realmente. Se em casa mal tínhamos comida e luz, que dirá opções de roupas. Mas se há uma herança que meu pai me deixou foi nunca reclamar de nada. Sim, tive de vencer muitas barreiras, até mesmo com ele, mas sempre tive muita garra, vontade e determinação de mudar! Tenho certeza de que não passei por tudo o que passei por simples acaso. Há um propósito muito maior do que podemos imaginar por trás de tudo o que acontece em nossa vida, principalmente aqueles eventos que testam nossos limites, colocando-nos à prova e nos fazendo duvidar de que conseguiremos sair vitoriosos. Quando passei a compreender que as tempestades vêm e vão, ficou muito mais fácil suportar quaisquer adversidades que eu encontrasse em meu caminho.

Tenho certeza de que eu não chegaria onde estou agora se não tivesse tido essa fé inabalável e se não acreditasse que os melhores dias sempre prevalecem: pode chover um mês inteiro, mas em algum momento o sol aparece, mesmo que fraquinho e entre nuvens. Precisei, de fato, de tempo para isso, pois todo processo de crescimento implica dedicação ao aprendizado. Então aprendi, aos poucos, fosse com as coisas mais simples da vida ou as mais doloridas, a cultivar a esperança, a confiar firmemente que eu conquistaria o meu lugar ao sol, estando onde eu queria estar e levando a vida como eu amaria levar.

Assim, creio verdadeiramente que tudo começa pela fé. Pare e pense: se não acreditarmos em nós mesmos, quem o fará? Podemos até pensar em nossa família, companheiros e amigos, mas precisamos ser os primeiros a acreditar em nós mesmos para de fato agirmos e sermos os protagonistas das nossas histórias.

Agora eu lhe pergunto: de 0 a 10, o quanto você acredita em você? Na sua capacidade de mudar, de se reinventar e de fazer o que é preciso e o que é possível ser feito? Sempre preservando a minha fé, faço tudo o que é possível, e o que não posso fazer, ou seja, o impossível, entrego a Deus. Porém, é preciso entender que Ele faz "o impossível". Logo, o possível cabe apenas a nós mesmos.

A psicologia positiva, no escopo de seus ensinamentos, costuma citar uma parábola do escritor francês Charles Péguy:

Um homem caminha pela rua e depara-se com um trabalhador quebrando pedras. O caminhante pergunta ao trabalhador: "O que está fazendo?". E ele responde: "Estou quebrando pedras, um trabalho terrível e doloroso".

Após escutar essa resposta, o caminhante volta a percorrer a rua e encontra um segundo trabalhador, fazendo exatamente o mesmo serviço que o primeiro. Ao ser questionado sobre o que estava fazendo, o segundo trabalhador responde: "Estou quebrando pedras, um trabalho pesado, mas tenho a vantagem de trabalhar ao ar livre e não ficar enfurnado o dia inteiro num escritório".

Tendo ouvido o segundo trabalhador, o caminhante volta ao seu trajeto e encontra um terceiro trabalhador, executando exatamente o mesmo trabalho. Foi inevitável ao caminhante fazer a mesma pergunta. E o terceiro trabalhador respondeu: "Estou construindo uma catedral".

Veja como é importante definirmos bem o sentido das tarefas que realizamos na vida. Para o primeiro trabalhador, o sentido da ação que estava realizando esgotava-se em si mesmo. O segundo já tinha um pensamento mais multifocal. Apesar do cansaço que a atividade lhe causava, ele via o seu trabalho por outros pontos de vista e percebia aspectos positivos, como trabalhar ao ar livre. O terceiro é sucinto e objetivo, porque tem uma compreensão muito mais abrangente do sentido do que faz. Ele sabe que cada pedra que ele produz será parte da parede de uma grande catedral. Participar de um trabalho cuja finalidade, seja ela qual for, lhe agrada muito dá outro sentido à vida e torna muito mais alcançável a prática da superação, não importa qual seja seu obstáculo.

A época da escola, quando eu era pequena, foi um tempo bem espinhoso. Carregava os livros em uma sacolinha de plástico, pois não tinha mochila. Vestia-me com o que ganhava de alguém ou encontrava na rua – quase sempre camiseta, shorts e chinelo –, fizesse frio, calor ou chuva. Não havia outra opção. Tênis era algo raro de ganhar ou de se encontrar perdido. O dinheiro que eu recebia na roça ou na feira trabalhando ficava com meu pai, que gastava cada centavo com a bebida. Em todo Natal, minhas irmãs e eu sonhávamos com uma roupa nova, mas não havia qualquer possibilidade de comprar. Até que um dia, durante uma das andanças com minha irmã mais velha, Ana Paula, achamos uma caixinha de fósforo com quinze reais. Nossa, quanta alegria! Pulávamos pelas ruas de tanta felicidade – seria o primeiro Natal com roupas novas! Fomos à feira e compramos dois vestidinhos, mas com o coração apertado ao pensar em quem teria perdido aquele dinheiro.

Quando fui para o Ensino Fundamental, ficou ainda mais complicado, pois apesar de ter uniforme, não era permitido frequentar a escola sem tênis. Conseguimos, então, com muito custo, comprar uma única opção de uniforme – a qual tínhamos de lavar e secar no mesmo dia –, e não sobrou para o tênis. Para poder entrar na escola, eu amarrava um pano no dedão do pé para dizer que estava machucado, e assim entrava de chinelos. Como era difícil! Certa vez, a inspetora que ficava à porta, claramente de mau humor, olhou bem em meus olhos e disse: "Esse seu dedo não melhora nunca?". Ela sabia que aquilo era uma desculpa, mas não hesitou em soltar aquele fel. Aquilo me machucou muito! Mas nem mesmo a humilhação me fez desistir de seguir em frente. Por conta das privações, inúmeras dificuldades e de ter que lutar pela vida, minha resiliência foi sendo forjada desde cedo. Eu não desabaria facilmente.

Os anos se passaram, e fui me adaptando a cada adversidade. Não deixaria nada me abalar nem adiar meus planos. Quando decidi cursar a faculdade, não tinha dinheiro suficiente. Na época, deixei de lado a ideia de fazer Jornalismo, pois faltaria muito para a mensalidade. Contudo, quando surgiu a ideia de cursar Administração, vi que tinha quase a quantia necessária; fiz o vestibular (passei!) e me matriculei. Eu daria um jeito. Pagava R$ 600,00 de mensalidade e ganhava R$ 500,00. Faltava dinheiro, mas a cada mês eu dava um jeito: ora vendia o meu vale-refeição, ora renegociava as mensalidades. Para conseguir estudar, comia cachorro-quente todos os dias, e em todas as refeições, pois custava apenas R$ 2,00. Na hora do intervalo, eu quase nunca saía da sala, pois não tinha dinheiro nem para um chiclete. Muitas vezes acabava com dor de cabeça por ficar muitas horas sem comer, e só conseguia me alimentar quando chegava em casa. O meu vestuário era ainda mais enxuto. Possuía apenas uma calça jeans, com a qual ia todos os dias para a aula.

Apesar de tanta escassez, não havia espaço na minha vida para o desânimo; sempre fui muito dedicada e comprometida com o meu propósito de superar as batalhas que surgiam pelo caminho, e mais uma vez a fé fez toda a diferença. Trabalhava o dia todo, chegava exausta na faculdade. Nos primeiros semestres, demorei a encontrar um grupo comprometido com os estudos, e fazia praticamente sozinha os trabalhos de grupo, pois havia os que nunca não faziam nada. Sempre tive uma personalidade forte; certa vez, discuti com uma moça na sala de aula por conta disso, e ela logo perguntou quem eu achava que era para falar daquele jeito, que eu deveria ter vergonha na cara e ao menos comprar uma calça nova. Chegou a dizer, ironicamente, que faria uma "vaquinha" para essa compra. Aquilo doeu muito, mas me segurei e disse a ela que fizesse isso, então, pois assim faria algo de útil na vida. O choro estava preso em minha garganta e, assim que saí da faculdade, desabei. Algumas pessoas no ônibus até perguntavam se estava tudo bem, se eu precisava de ajuda.

Chorei até chegar em casa, mas disse a mim mesma que, sim, eu teria dinheiro para comprar vinte calças jeans. E hoje eu tenho. Às vezes, paro e olho para o guarda-roupa e penso que um dia eu só tive uma. Sinal de superação de tempos de muita luta, suor e lágrimas, mas que ao mesmo tempo contribuíram para a minha sólida formação. Estou certa de que meus valores, princípios e reconhecimento da minha missão cresceram dentro de mim, graças a tudo que enfrentei.

Para enfrentar todos esses desafios em São Paulo, a Ana Paula, mais conhecida como Paula – sempre foi meu alicerce. Além de cuidar dos afazeres de casa – como lavar, passar e cozinhar –, minha irmã também era minha melhor amiga. Sempre que eu chegava triste, ela me consolava, me colocava para cima e sempre dizia que acreditava em mim, e eu sempre fazia o mesmo por ela. Nós éramos uma equipe, nos ajudávamos em tudo. Eu jamais chegaria onde estou sem o suporte, o carinho, o amor e a amizade dela.

Se há uma coisa da qual me orgulho profundamente é de como eu e minhas irmãs somos unidas, nos protegemos e cuidamos uma da outra. Cada uma com sua característica, com seu jeito encantador. A Ana Paula sempre foi a nossa "mãezona" protetora: cuidava de todos e sempre lutou para nos manter unidas. No Natal, Ano-Novo, Páscoa ou em algum aniversário, é sempre a Ana que organiza e convoca tudo mundo. A Sarah é mais quieta e reservada, e sempre foi muito esforçada. Quando ela chegou em São Paulo, com apenas 15 anos, já trabalhava e nos ajudava nas contas de casa. A Paula Samara, nossa caçulinha, é a mais protegida e carinhosa de todas. Ela é doce, amiga, parceira e encanta todo mundo com a sua meiguice. Já o Paulo Henrique, o primogênito da família, além de ser extremamente trabalhador é o mais divertido. Nossa, todo encontro é só diversão e gargalhadas!

LEMBRE-SE DE ALIMENTAR SEUS SONHOS PARA COLHER SUAS CONQUISTAS

Existe uma técnica muito conhecida e usada no processo de coaching chamada *Tela Mental*. O objetivo é, por meio da imaginação, trazer para a realidade aquilo que você deseja, tornando, assim, o sonho mais tangível. Não é nada complicado de fazer. Você pode usar fotos de revistas ou da internet para encontrar imagens do estilo de vida que almeja conquistar. Pode incluir o que quiser: os lugares para onde você deseja viajar, a casa dos sonhos, o carro dos sonhos, as atividades que quer fazer, um plano de negócios. Depois disso, basta recortar ou imprimir para montar seu quadro. Debaixo de cada imagem escreva algo curto, que tenha ligação com isso. Quando pequena, não conhecia a técnica, mas montava o quadro em minha mente, imaginando com todos os detalhes como queria ser: imaginava-me uma empresária de sucesso, bem-vestida (com sapatos altos e de bico fino, e aquelas saias lápis de executiva), passando por um tapete vermelho, com alguns seguranças ao meu lado, para entrar em um jatinho. As pessoas riam de mim quando eu contava, mas os riscos não me intimidavam, pelo contrário. Aquilo me motivava a prosseguir, a lutar para mudar a minha realidade. Era como um mantra para mim. Hoje, sei que esses detalhes fazem toda a diferença, mesmo sendo figurativos.

Por falar em motivação, há, ainda, uma metodologia muito interessante chamada *roadmap*. Trata-se de imaginar o sonho de trás para a frente, ou seja, a emoção da conquista. Três pontos são importantes aqui: o que você está ouvindo, o que sente e o que vê no momento da realização. Faço isso até hoje, pois auxilia em meu planejamento e a traçar metas para alcançar o que desejo. Estou sempre em busca da sensação de dever cumprido, de sonho realizado!

Essa foi – e é – a forma que encontrei de me automotivar. Sempre acreditei em mim. Nossos concorrentes não são os colegas de faculdade ou do trabalho, somos nós mesmos. Eu sempre repito isso internamente. E a partir do momento em que consigo vencer a mim mesma e me controlar, sou capaz de vencer quaisquer obstáculos, por mais difíceis que pareçam. São as minhas limitações que preciso vencer, e eu sempre soube que podia.

Quando você começa a ter essa consciência, tudo o que até então poderia ser encarado como uma verdadeira muralha intransponível deixa de ter esse peso, fica mais leve e mais fácil. Você se fortalece. As dificuldades sempre existirão, mas é justamente essa a beleza da vida: superar barreiras, gerenciar problemas e... vencer. Pode ter certeza de que todas as pessoas que venceram na vida superaram muitos obstáculos. E procure focar no aprendizado que você adquire ao enfrentar as pequenas e grandes dificuldades.

Seja qual for o seu desejo – do mais básico ao mais complexo –, sempre o relacione às ações que precisa fazer para realizá-lo e a sensação que terá ao alcançá-lo. Por exemplo, você quer fazer um curso, mas o que tem feito para conseguir? Comece se organizando:

- Quando vai começar?
- Vai pagar à vista ou parcelar?
- Quanto precisa poupar por mês?
- Quando vai fazer a inscrição? Vai com alguém?
- Como você vai se sentir nesse momento, quando estiver com a ficha de inscrição nas mãos?

A meta tem de ser específica, atingível e ter data para acontecer. E, tão importante quanto isso, é comemorar cada etapa. Já contei no capítulo anterior que comprei o meu primeiro carro em São Paulo logo que ingressei no emprego como supervisora na Riachuelo, mas preciso compartilhar o valor desse momento. Ainda consigo sentir aquela sensação mágica de sair da concessionária com meu carro novo. Passou um filme em minha cabeça: daquela menina que saiu de Conceição do Coité sem um tostão nos bolsos, mas com um sonho enorme na bagagem. Perseverar nos meus propósitos foi um dos principais fatores que tornou esse e muitos outros sonhos possíveis.

Sabemos que todo processo de conquista que exige esforço não é fácil, e muitas vezes as pessoas desistem – ou até nós mesmos – de seus projetos por se sentirem vencidas pelo cansaço, abatidas pelo desânimo ao não enxergarem os resultados de maneira mais imediata. Imediatismo. Precisamos travar uma verdadeira luta contra essa tendência atual de querer tudo agora ao mesmo tempo, sem nem mesmo semear direito para colher os frutos das nossas ações. Não devemos confundir com falta de agilidade ou procrastinação, mas é importante entender que precisamos acreditar em nós mesmos e batalhar para que o que aguardamos se concretize. Não importa quanto tempo, pode ser algo em sua vida que demore anos para acontecer. O essencial é que você não desista e valorize a jornada. Certamente isso se tornará inesquecível em sua trajetória quando chegar lá.

Certa vez, numa noite muito chuvosa, com ventos fortes, meu pai chegou em casa alterado e mandou que eu subisse no pé de coco que tinha nos fundos da minha casa, porque ele queria beber água de coco. Me lembro da minha respiração ofegante e do meu desespero pensando em como iria conseguir subir naquele coqueiro para não apanhar do meu pai, pois, quando está molhado, o coqueiro fica muito escorregadio e quase impossível de escalar. Para piorar, estava tudo escuro, pois não tinha energia elétrica em casa. Então, só me restou um único pensamento: eu vou conseguir. Comecei a subir e escorreguei e caí umas cinco vezes, mas na minha mente eu só tinha uma certeza: vai dar certo. Finquei os dedos no talo dos cocos e empurrei até eles caírem no chão. Foi uma aventura digna de filme, uma cena que ficará para sempre na minha memória. E uma lição para uma vida inteira.

"Religare"
Se em algum momento da sua vida você já se sentiu desconectado (e aqui não estou falando de celular ou notebook), com aquele sentimento de incompletude ou vazio, mesmo estando cercado de uma multidão, provavelmente lhe faltou o ato de "religar-se". Há muitos sinônimos: atar, conectar, ligar novamente... Mas precisamos estar atentos ao poderoso efeito que esse ato exerce em nossas vidas. A essa altura você certamente já deve ter associado o termo à palavra "religião", mas, sem entrar no mérito de como a conhecemos em seu sentido mais usual, vamos ampliar sua

significação. O simples ato de "acreditar" consiste em um bom passo para se religar. Nutrir esperanças, perseverar na crença de que você vencerá qualquer barreira em sua vida. Há muitos templos, caminhos e verdades que podem servir de elo para essa religação, e, sem medo, podemos chamar esse processo de espiritualidade.

Particularmente, considero a espiritualidade como um ato de força, pois, até mesmo para acreditar e exercer esse processo em nós, a dedicação é necessária. Já silenciou a sua mente para mantê-la em paz? É exatamente disso que estou falando. Acredito piamente que se você está bem nesse aspecto, tudo melhora e flui com mais tranquilidade. Você abre espaço para uma vida com mais amor, mais humildade, mais compaixão e mais empatia, tornando-se, consequentemente, um ser humano melhor.

A energia também deve ser priorizada. Essa pulsão é vital para nós, garantindo a capacidade de nos movermos e nos lançarmos aos nossos objetivos relacionados à qualidade de vida, à melhora de resultados, ao cuidado com nossos relacionamentos e à manutenção de todos os nossos eixos (corpo-mente-espírito). Então, esteja atento à sintonia dos seus pensamentos, observe se não tem se sobrecarregado e exercite a prática de pensar de forma mais otimista e positiva. Lembre-se de que isso atrairá benefícios à sua vida. O mundo está cheio de pessoas que reclamam o tempo todo. Troque as reclamações por elogios ou por gratidão. Seja a pessoa que faz as outras pessoas sorrirem, SEJA LUZ POR ONDE VOCÊ PASSAR.

Por mais impossível que pareça uma situação, você pode vencê-la com luta, foco, pensamento positivo, acreditando em si mesmo e, acima de tudo, com muita fé.

#30 SEGUNDOS DE CORAGEM

Pare e reflita: Eu sempre acreditei em mim. E você? O que tem feito com seus sonhos? Desafio você a ser grato por três coisas hoje e, além disso, passar 24 horas sem reclamar. Será que você consegue?
Topa o desafio? Compartilhe nas suas redes sociais as hashtags: #24hsemreclamar, #24hpositivas, #24hdegratidão.

Capítulo 6

Empatia e trabalho: Empreender sem perder a alma

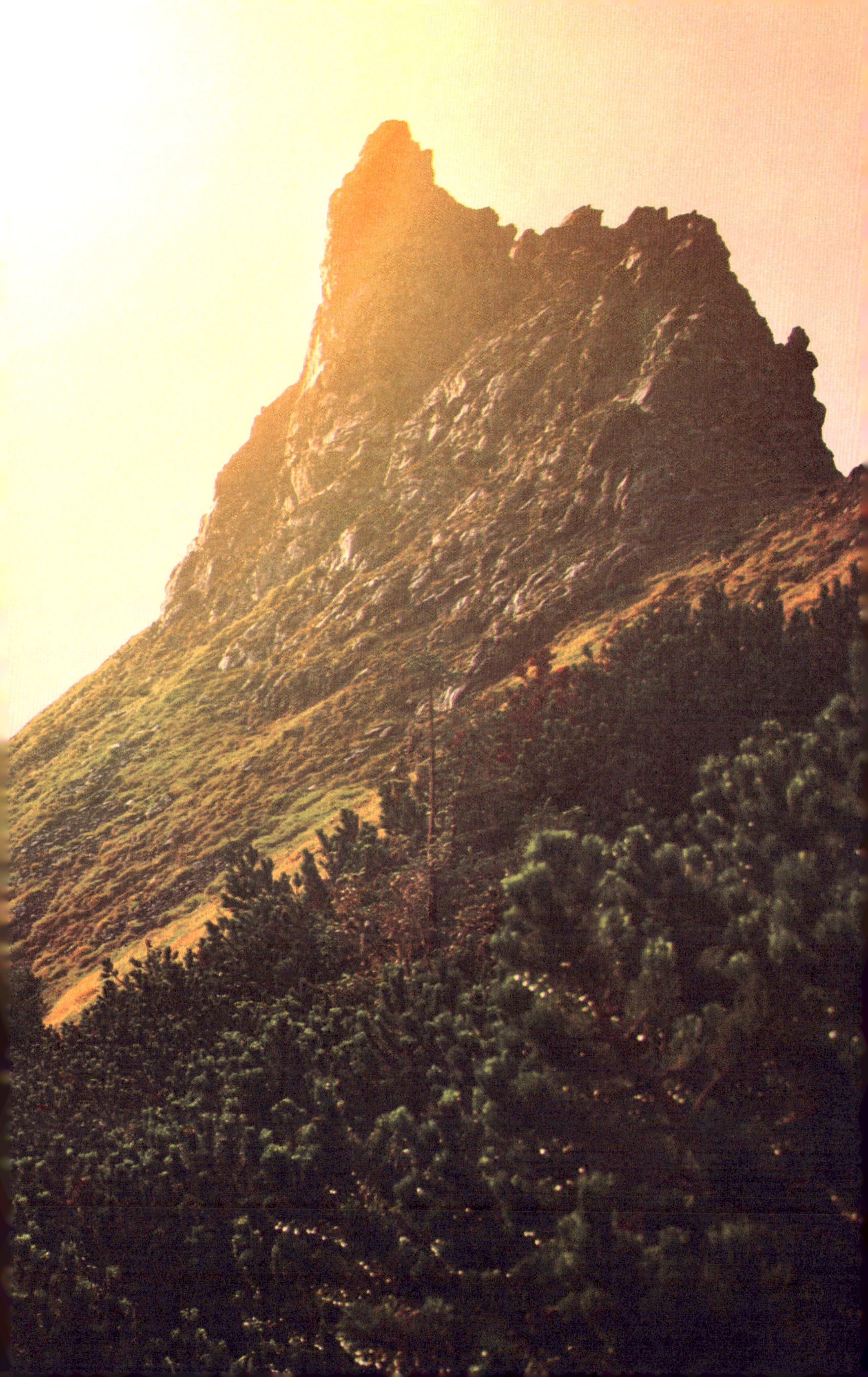

A UNIÃO ENTRE AS HABILIDADES TÉCNICAS E DE GESTÃO E A CAPACIDADE DE OLHAR E SE PREOCUPAR COM O OUTRO SÃO AS BASES DE UM NEGÓCIO DE SUCESSO

Empatia vem do grego e resulta da soma do prefixo *en* com o radical *pathos*. Trata-se de uma sensibilidade particular que nos torna capaz de sentir o que o outro sente. Os seres humanos não têm essa capacidade na mesma proporção. Algumas pessoas têm mais facilidade para saber o que se passa "dentro do outro", enquanto outras precisam desenvolvê-la ao longo da vida. Para os que trabalham especificamente na área de recursos humanos ou gestão de pessoas, autoempatia implica ter autoperformance. Todos os gestores de uma empresa que têm subordinados diretos e indiretos precisam estar atentos ao que se passa com eles. Ouso dizer que a capacidade empática é um diferencial que torna chefes verdadeiros líderes.

Outra habilidade necessária ao líder é decidir onde e no que trabalhar. O que pesa mais em termos de carreira e aquilo que nos deixa, de fato, felizes, é algo muito particular. Cada um possui suas preferências, características e talentos. Eu encontrei minha realização no empreendedorismo. Já estava na minha essência.

Falo daquela sensação boa ao sair de casa numa segunda de manhã, sabe? Sempre fui movida a essa sensação. Foi assim que resolvi ter meu próprio negócio, em 2012. Nessa época, percebi que tinha terminado meu ciclo de trabalho na Riachuelo, empresa que amei muito e que foi muito importante para o meu crescimento, mas era hora de alçar novos voos. Minha ideia era poder aplicar o conceito de gestão no qual acredito, mais humanizado, além de ter mais liberdade e realização pessoal.

Assim que comecei a trabalhar na Riachuelo, conheci o mercado de Marketing Multinível (MMN), porém, eu estava tão feliz com o emprego novo, com o cargo de gestora, que não me interessei de imediato a entender como funcionava esse mercado mais a fundo. Meu foco era a Riachuelo, mas descobri que o MMN podia ser praticado como plano B, e isso me levou a refletir. Então, comecei a prestar mais atenção e a conhecer melhor como era o processo. Passei a participar de alguns treinamentos e fui me apaixonando pela forma e pelo sistema de trabalho. Às vezes, ocorriam viagens, eventos e várias oportunidades muito boas das quais eu não podia participar porque estava presa no meu trabalho. Aliás, foi uma época em que não pude me dedicar a muitos desejos e intenções pessoais por ter de cumprir uma longa carga horária. Então, aquele foi um momento crucial para mim, no qual tive de tomar uma decisão que mudaria para sempre a minha vida e a minha história: pedir demissão da Riachuelo.

As pessoas próximas a mim ficaram chocadas e me chamavam de louca, diziam que eu não tinha juízo; até minha família ficou preocupada em relação ao meu futuro. O pessoal da empresa não entendia como eu, tão nova, com um cargo tão importante, tive coragem de pedir demissão. Essa talvez tenha sido uma das decisões mais difíceis que tive de tomar, mas *é nos momentos de decisão que você traça o seu destino*. E ali começava a minha história de empreendedorismo e evolução.

Então foi assim que certo dia chamei meu chefe e pedi demissão. Ele entendeu por que eu estava fazendo aquilo, e eu expliquei que minha decisão não tinha nada a ver com a empresa, que tanto contribuiu para o meu crescimento, mas havia chegado a minha hora de partir. Então ele entendeu e me desejou boa sorte. A partir daquele momento passei a realizar tudo o que não conseguira antes pela tão conhecida falta de tempo, e também mergulhei de cabeça no MMN. Nessa nova fase profissional, tive a experiência de abrir três franquias de cosméticos: duas em São Paulo e uma no Recife. Esse foi o início da minha carreira como empresária.

O empreendedorismo tem crescido muito nos últimos anos, principalmente pelos motivos que me levaram a abrir um negócio. Uma pesquisa feita pela Federação das Indústrias do Estado do Rio de Janeiro (Firjan) mostra que dois em cada três jovens brasileiros pretendem empreender nos próximos anos. Para 76,4% deles, a realização pessoal é a principal motivação, seguida da possibilidade de ter mais qualidade de vida (75,6%), de ganhar mais (70%) e de ter horários flexíveis (60,7%). Acredito que esse cenário seja reflexo, em partes, das novas gerações. Se antes o mais importante era crescer em uma mesma companhia, hoje é alcançar a satisfação plena no que se faz. Atualmente, vemos muitos profissionais que atingem o auge da carreira, por exemplo, mas não se sentem completos e, por isso, não conseguem entregar tudo o que poderiam. Eles precisam acreditar nos valores e princípios de onde trabalham para querer ficar e, quando não encontram, decidem sair para abrir o próprio negócio ou atuar em algo que esteja em maior consonância com seus valores pessoais.

Esse movimento foi batizado nos Estados Unidos de *opt-out* ("optar por sair", em tradução livre). Ao perceber o movimento, a professora Sherry Sullivan, da Universidade Bowling Green, em Ohio (EUA), começou a estudar o assunto. Em entrevista a uma revista brasileira, Sherry disse que "Há um número significativo de homens e mulheres se revoltando contra um ambiente de trabalho ruim, que impede que encontrem autenticidade, equilíbrio entre vida pessoal e profissional ou algo que suporte suas demandas por desafios".

Nesse sentido, entra em cena a gestão humanizada, com muitas companhias dando mais espaço para palavras como alegria, empatia, respeito e compaixão. Em termos simples, empresa humanizada é aquela que olha para os interesses de todos os *stakeholders* (funcionários, acionistas e consumidores) para o alinhamento estratégico. Isso quer dizer que nenhum grupo se beneficia em detrimento de outro, e a empresa se preocupa em atender às necessidades funcionais e psicológicas de todos, gerando lealdade e mais engajamento e produtividade. Sempre apliquei esse conceito em meu trabalho, e o fato de colocar as pessoas em primeiro lugar me ajudou a crescer.

Veja algumas características de uma empresa humanizada:
- Dedicam muito mais tempo do que seus concorrentes ao treinamento de funcionários. Por exemplo, no primeiro ano de empresa, os colaboradores da The Container Store, uma loja de móveis no Texas (EUA), recebem em média 263 horas de treinamento contra a média de oito horas da indústria do varejo;
- Fazem um esforço consciente para contratar pessoas que são apaixonadas pela empresa e seus produtos;
- Subscrevem um propósito de existência que vai além de monetizar;
- Apostam em uma política de portas abertas;
- De forma consciente, humanizam a experiência da empresa para clientes e empregados, além de criar um ambiente de trabalho acolhedor. O Google, por exemplo, fornece refeições gourmet gratuitamente e a qualquer hora para todos os colaboradores.

Em minha formação, depois que desenvolvi todo o lado administrativo para conseguir gerir equipes e entender de questões financeiras e de gestão, decidi reforçar o lado da liderança humana. Assim, me formei em Administração de Empresas e posteriormente fiz MBA em Gestão de Finanças, Negócios e Coaching. O Líder Coach é aquele que exerce a liderança utilizando técnicas e ferramentas do Coaching. A ideia é desenvolver e inspirar pessoas, não apenas dar ordens ou impor opiniões.

O PODER DE OLHAR O OUTRO

Acredito que meu crescimento profissional rápido se deva exatamente a essa união. Fui supervisora regional financeira da Riachuelo com 22 anos de idade, e era a mais nova em um cargo de gestão. Sempre preferi olhar primeiro para a pessoa, não para o profissional. Porque uma boa pessoa pode se transformar em um bom profissional, mas o contrário é raro.

Um dia, um *headhunter*[1] me encontrou quando ainda trabalhava no Ibi. Havia recebido uma ligação da Riachuelo, convidando-me a participar de um processo seletivo para ser supervisora regional de doze lojas; na época, esse era o meu grande sonho. O contato afirmara que o meu perfil era ideal para a vaga, então aceitei participar. Fui desencanada, sem grandes pretensões, porque eu estava muito feliz no Ibi e tinha uma equipe incrível e uma das melhores lojas do Brasil, que estava sempre entre as cinco lojas mais rentáveis. Porém, não custava participar e, se eu não passasse, pelo menos serviria para experiência. Foram oito fases; jamais imaginei que conseguiria, mas eu sempre dava o meu melhor. Resultado: passei, mas fiquei com grande dúvida entre sair do Ibi ou não.

Depois que recebi a ligação da Riachuelo, liguei imediatamente para o meu gestor na época, o querido Breno Drumond, e marquei para conversarmos. Eu sempre admirei o Breno e aprendi muito com ele; seu estilo de gestão é humanizado, e nossa regional era uma das melhores do Brasil. Fui convicta de que ele iria falar para eu não sair da empresa, mas o Breno me surpreendeu mais uma vez, dizendo: "Paty, por mim é claro que eu não gostaria que você saísse, você é uma das minhas

[1] N. E.: O termo em inglês headhunter significa "caça-talentos".

melhores supervisoras, mas vou pensar em você, e tenho certeza de que, para você, será muito bom". Os meus olhos encheram de lágrimas. Trabalhei até os últimos minutos no Ibi e, no dia seguinte, comecei na Riachuelo. Eu me espelhava no Breno em tudo: na Riachuelo, eu mandava e-mails para a regional praticamente iguais aos dele, as minhas reuniões e treinamentos também eram muito parecidos. Breno foi e continua sendo um exemplo de gestor e de ser humano, que me inspira até hoje.

Além do Breno, tive o privilégio de trabalhar com pessoas e profissionais extraordinários como Jefferson Rehem, Bruno Cranchi, Alessandro Washington, Marcelo Montoro, Érica Oliveira e Marina Martins.

Antes de entrar para a Riachuelo, tive duas funcionárias no Ibi que ninguém acreditava que poderiam crescer, mas eu gostava do jeito meigo e sereno delas; elas transmitiam segurança no olhar, apesar de não serem tão boas tecnicamente. No mundo empresarial, é muito importante encontrar pessoas que tenham um perfil diferente do seu, que sejam um contraponto. Elas eram o meu contraponto, e decidi investir em seu desenvolvimento. Não foi fácil. Foram meses de capacitação, mas elas se tornaram duas das melhores funcionárias que eu já tive, e até hoje são os meus exemplos. O que quero dizer com isso? Que primeiro eu as olhei como pessoas, enxerguei suas características, como integridade e serenidade, para depois prestar atenção no aspecto profissional, pois este eu poderia ajudar a desenvolver. Usei a minha capacidade empática.

Se você estiver disposto a aprender, não há nada que o impeça. O processo de coaching me ensinou algo interessante: melhorar 1% por mês. Assim, ao final de um ano, você melhorou

12%! Para ajudar minha equipe nesse processo, colocava em todas as lojas sob minha responsabilidade um espelho bem grande com um recado: "Veja aqui quem é o responsável pelo seu sucesso". A resposta era clara: ao se olhar, o funcionário percebia que o responsável era aquele que se espelhava. Essa iniciativa deu muito certo, e acabou inspirando muitas outras supervisoras a fazer o mesmo. Era uma atitude simples, mas que dava muito resultado.

Quando você começa a crescer na empresa, assumindo cargos como diretor, vice-presidente ou presidente, a tendência é ter mais contato com a gerência do que com a base. No entanto, eu me policio todos os dias para não me afastar da equipe, pois sei a diferença e o impacto que a proximidade do líder gera e a importância de uma "visita" para quem a recebe. Nem sempre isso é fácil. Muitas vezes, nossa prioridade está em outras atividades, mas o exercício de estar próximo de seus colaboradores é essencial. Dia desses, depois de um tempo sem fazer isso, parei e olhei para a minha equipe. Apesar de estarem trabalhando e dando o melhor, percebi que algo não se encaixava; eles não estavam tão felizes como nos outros dias. Decidi dedicar duas horas do meu dia para entender o que estava acontecendo. Chamei cada um em minha sala para conversar. Não falamos de trabalho, metas ou desempenho. Falamos de família, de filhos e projetos de vida. Só ao final daquele momento questionei o que eles estavam achando do trabalho: se estavam felizes, do que gostavam, no que achavam que a empresa podia melhorar etc. Como foi produtivo! Eu pude sentir – através do olhar de cada um – o quanto aquela conversa era importante, o quanto eu ter parado cinco minutos para ouvi-los fez toda a diferença! Nada havia acontecido, eles só precisavam sentir que eram realmente importantes. Isso é empatia aplicada na prática.

Todo empresário, líder ou gestor precisa parar e observar o seu time. Quantas vezes entramos e saímos da empresa sem olhar para a nossa equipe, se algum funcionário está cabisbaixo, por exemplo? O mais importante em uma organização são as pessoas! Sem elas não há empresa, não há resultados, muito menos rentabilidade. Quando você mostra comprometimento, que está preocupado com as pessoas e não exclusivamente com os números que ela gera, consegue aumentar a produtividade de maneira considerável. É uma consequência. Alguns podem pensar: você perdeu duas horas do seu tempo. Não! Eu investi duas horas do meu tempo! Lembra-se do círculo de generosidade sobre o qual falei anteriormente? Pois é justamente isso. Olhe ao seu redor, comece a ajudar alguém no seu trabalho, curso, no seu círculo pessoal, e veja como sua vida passará a fluir de maneira diferente, repleta de boas energias!

Na esfera do trabalho, é primordial que esse sentimento seja disseminado por toda a empresa. Não adianta ter apenas um departamento na empresa assim. A organização como um todo tem de funcionar como uma orquestra: marketing, recursos humanos, financeiro, administrativo, contabilidade... Todos os setores desempenhando a partitura – nesse caso, suas atividades profissionais de forma engajada –, no mesmo ritmo e no mesmo tom. Podemos nos enxergar como uma centelha de energia ligada à teia da vida. Quando estamos juntos, integrados e disseminando essa energia, tudo passa a fazer mais sentido. É assim que tenho construído minha história.

COMO O MMN MUDOU A MINHA VIDA

Acredito que trabalhar com Marketing Multinível (MMN) foi uma das melhores decisões que já tomei na vida. Primeiro porque comecei a ter tempo, coisa que não conhecia, e liberdade para cuidar das pessoas que amo, bem como para viajar e aprender.

Assim que comecei a trabalhar com franquias de cosméticos, passei a convidar amigos, conhecidos, colegas de trabalho, de escola, de faculdade, vizinhos. Resultado: com apenas três meses, atingimos o nível Diamante. Logo depois disso, nos tornamos treinadores oficiais da empresa, pois, além de amar treinar e desenvolver pessoas, eu já tivera essa experiência nas empresas em que trabalhei. Então veio uma fase maravilhosa, em que viajei por praticamente todo o Brasil em virtude dos treinamentos: São Luís do Maranhão, Fortaleza, João Pessoa, Recife, Salvador, Natal, Curitiba, Porto Alegre, várias cidades do estado de São Paulo, entre outras. Além de ministrar treinamentos, também participei de treinamentos de colegas, a fim de prestigiá-los e de aprender também.

Desse modo, atuei em todas as áreas do MMN: fiz rede, ou seja, convidei pessoas para serem consumidores inteligentes; indiquei pessoas e ganhei bônus; tive franquias e o centro de distribuição que atendia toda a rede de credenciados; e fui treinadora oficial. Tenho muito orgulho de fazer parte desse segmento, que nos proporciona crescimento pessoal e profissional.

Uma das coisas que mais admiro no MMN, além de treinar e desenvolver pessoas, é o fato de você ser recompensado pelo seu esforço e não precisar de chefe ou gestor nenhum para isso. Outro aspecto importante é que no MMN não existe muito espaço para os egoístas; você precisa ajudar sua equipe, não existe aquela história de "puxar o tapete" do outro. Quanto mais pessoas você ajudar, mais você crescerá e mais ganhará. Isso não é extraordinário?

Além de não ter limites de ganhos, quanto mais você trabalha, mais pode ganhar. E isso acontece em função da alavancagem: você prefere ter 100% do seu esforço ou 1% do esforço de 100%? Aprendi logo que entrei no MMN que eu tenho uma limitação de tempo, de horas de trabalho, ou seja, por mais que eu trabalhe muito, o corpo tem um limite de força física, e o máximo que eu consigo trabalhar é de 12 a 14 horas por dia. Se você depende 100% do seu esforço físico para gerar renda, o que acontece, por exemplo, se ficar doente sendo fotógrafo, advogado ou vendedor que trabalha como autônomo? Como vai conseguir renda? Então é muito mais rentável eu ter uma equipe com 100 pessoas na minha rede, em que ganho 1% de cada uma delas, do que eu ter 100% do meu próprio esforço. Com isso, aprendi que posso ganhar dinheiro até enquanto estou dormindo e ainda ajudar muitas pessoas a mudarem suas vidas.

Outra coisa que você começa a ter controle é sobre o recurso mais valioso do mundo, aquele que não volta jamais: o tempo. Comecei a viver, viajar, *colecionar momentos* e aumentar minha cultura por meio das viagens, pois viajar é lazer, cultura, entretenimento e vivenciar experiências.

Amo viajar. A primeira viagem que fiz depois de estar no MMN foi mais que do que especial, pois era um local que sempre fora meu sonho conhecer: Israel. Poder nadar no Mar Morto, visitar Jerusalém, tocar o Muro das Lamentações, tocar o túmulo de Jesus Cristo, sentir a cruz em que ele foi crucificado, visitar a igreja onde o anjo Gabriel apareceu para Maria avisando que ela ficaria grávida e passear pelo Mar da Galileia e pelo Monte das Oliveiras. Eu me arrepio, meus olhos se enchem de lágrimas e meu coração transborda de alegria ao me lembrar de tudo isso. Tantas outras viagens que fiz como, por exemplo, para Buenos Aires, Madri, Paris, Miami, Los Angeles, Nova York e Las Vegas, além de vários estados brasileiros. Para mim, tudo isso se tornou possível graças à liberdade de tempo que só o MMN pode proporcionar.

Ser dono do seu próprio negócio significa não ter que bater crachá, nem ter alguém dizendo que horas você tem que ir almoçar e muito menos quando você tem que tirar férias. Quando eu trabalhava no Ibi, minha primeira meta era parar de bater crachá, pois eu detestava. Imagine você, que é pai ou mãe, podendo levar seu filho para a escola numa segunda-feira ou participar de uma reunião de pais durante a semana? Realmente, o valor dessa liberdade é inestimável.

Aqui no Brasil somos mais condicionados a pensar em um tipo de emprego: o formal com carteira assinada, e uma vida inteira a se viver até a aposentadoria. Sou grata por todas as empresas pelas quais passei, mas acredito que elas foram um ótimo meio para que eu chegasse ao mercado que estou hoje. Sei o que é ser reconhecida pelo meu próprio esforço e, principalmente, o que é ajudar a transformar vidas. Admiro muito o sistema de MMN, mas, durante os treinamentos, aprendi que devemos ter alguns cuidados na hora de escolher uma empresa desse mercado, pois ela deve trabalhar com ética, e os cálculos precisam fechar. A seguir estão alguns itens que devem ser observados:

- Gestão: Quem cuida da gestão geral da empresa? Essa pessoa tem experiência no MMN? Tem credibilidade?
- Estrutura: Qual a estrutura da empresa? Eles darão o suporte necessário para a rede? A logística funciona?
- Preço: O preço é acessível?
- Demanda: O produto/serviço da empresa tem procura?

- Treinamentos: Qual o sistema de treinamento que a empresa usa? É fundamental que pessoas tenham treinamento e suporte para alcançarem o sucesso.

O MMN transformou a minha vida e também a vida de milhares de pessoas no mundo. Conheço vários casos de pessoas que não tinham nada e hoje são milionárias com o MMN, um dos poucos métodos com trabalho digno e que não depende de sorte para transformar sua vida. Consiste em um trabalho árduo que precisa de prática e foco, porém, você pode ser dono do seu próprio negócio, ter liberdade de tempo e escolher as pessoas com quem quer trabalhar, e tudo isso é inestimável.

Tempos depois, fechei minhas franquias, mas me mantive no MMN por perceber que o que eu queria mesmo era fazer rede e ajudar pessoas. Essa missão era tão intensa para mim, que passei a ter o sonho de criar um novo negócio que pudesse ajudar outras pessoas a realizar seus sonhos e, a partir da construção desse meu negócio, os meus sonhos seriam realizados também.

Foi uma grande felicidade quando Clarel Lopes, meu marido e parceiro de vida, e eu idealizamos e fundamos uma empresa exatamente assim, podendo ainda trabalhar com a minha família e amigos queridos. Uma empresa que tem a nossa identidade, as nossas cores, nossa paixão, uma empresa que nos representa e representa o povo brasileiro. Trabalhamos mais de um ano incansavelmente, escolhendo nossos colaboradores, nossos parceiros, nosso logo, o nome da empresa, o local da sede e cada aspecto que comporia nosso empreendimento. Pensamos e cuidamos de tudo com muito amor, carinho e dedicação.

Quando escolhemos em qual segmento trabalharíamos, sugeri que atuássemos com turismo, mesmo com toda nossa experiência prévia na área de cosméticos. Como a proposta era trabalhar realizando os sonhos das pessoas – e a maioria de nós gosta de viajar e só não faz isso por não ter

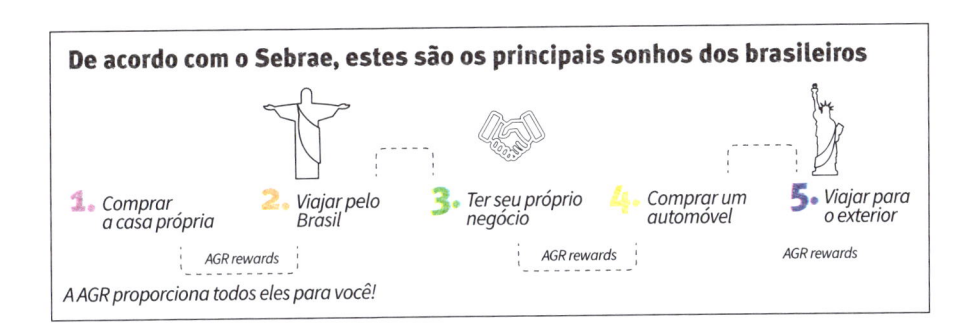

De acordo com o Sebrae, estes são os principais sonhos dos brasileiros

1. Comprar a casa própria
2. Viajar pelo Brasil
3. Ter seu próprio negócio
4. Comprar um automóvel
5. Viajar para o exterior

AGR rewards ... *AGR rewards* ... *AGR rewards*

A AGR proporciona todos eles para você!

liberdade de tempo ou dinheiro –, enxerguei nesse mercado uma verdadeira oportunidade de ouro. Pesquisamos muito sobre o mercado trilionário do turismo, sobre o turismo no Brasil, sobre quais são os maiores sonhos dos brasileiros, e percebemos que podíamos contribuir para que as pessoas realizassem cinco dos seus maiores sonhos.

Foi assim que criamos a primeira empresa brasileira de vendas diretas em multinível de turismo e viagens com alcance global: a Agora Comercial, mais conhecida como AGR. Uma empresa sem fronteiras de atuação, com oportunidade internacional, um negócio sem limites geográficos e de resultados. "AGR" é a abreviação de "Agora" nas mídias digitais, o nosso movimento do Agora.

Os sócios credenciados AGR são empreendedores que constroem negócios proporcionando lazer e estilo de vida, trabalhando em casa, em tempo parcial ou integral, e ainda viajando para diversos lugares.

A AGR traz uma oportunidade que possibilita às pessoas construir um negócio de resultado em qualquer país em que atuarem. A ideia é ajudar as pessoas a viverem a vida por meio da experiência dos nossos serviços ou dos resultados financeiros que a nossa oportunidade de negócio proporciona. Na AGR, não existem fronteiras para quem deseja realizar seus sonhos.

Somos uma empresa de viagens e turismo, mas nosso maior ativo são as pessoas. É por meio dos relacionamentos que queremos construir um dos maiores negócios de viagens do mundo.

Nossa missão é fazer parte das experiências mais marcantes da vida de uma pessoa enquanto ela descobre o mundo. Temos o certificado da ABEVD (Associação Brasileira de Empresas de Vendas Diretas). Queremos ser a empresa que mais transforma vidas no Brasil.

AFINAL, O QUE É MARKETING MULTINÍVEL?

O Marketing Multinível (MMN) é um modelo de negócios baseado em relacionamento e credibilidade criado na década de 1940 pelo norte-americano Carl Rehnborg.

Costumamos definir o MMN como uma "corrente do bem", um modelo de venda direta que trabalha com a criação de uma rede, cuja venda consiste em oferecer produtos ou serviços diretamente ao consumidor, presencialmente ou pela internet. O MMN abre espaço para empreender a um custo baixo e ajudando outras pessoas a crescer.

Para entrar, é necessário um patrocinador, alguém que o convide a fazer parte do negócio. Geralmente é uma pessoa que acredita em seu potencial e faz parte de seu círculo de amizades. Esse patrocinador será responsável, também, pelo seu crescimento e desenvolvimento, mostrando todos os passos e o que você deve fazer para crescer. E, assim como ele, você começa a convidar outras pessoas, de quem você gosta e confia, para criar a sua rede de consumidores e vendedores, e assim sucessivamente.

Destaco duas vantagens nesse tipo de empreendedorismo, baseada em minha história. A primeira é o baixo número de intermediários entre quem produz e quem consome: uma pessoa monta sua equipe de vendedores/consumidores em um nível abaixo de si, e esses fazem o mesmo. A segunda é o investimento baixo, o que facilita o início das operações. Não é necessário investir em infraestrutura nem na contratação de equipe. Imagine se você decidir abrir um negócio na área gastronômica: precisará de um espaço para trabalhar (seja para montar um restaurante, seja em casa para preparar a comida para entrega), de um contador para as questões financeiras e, na medida em que a empresa cresce, de pessoas para trabalhar com você.

Muitos países já demonstram grande crescimento econômico nesse setor. Segundo a Direct Selling Association (DSA), a associação de vendas diretas dos Estados Unidos, 27% do PIB americano é proveniente da indústria do MMN e 20% dos milionários americanos construíram sua fortuna com negócios baseados nesse modelo. O Brasil está começando a lucrar com MMN. No ano passado, segundo dados da ABEVD, esse mercado registrou R$ 40,4 bilhões em negócios.

Além da parte financeira, por meio do MMN é possível desenvolver todas as competências ligadas a ter um negócio: liderança, administração financeira, gestão do tempo, resolução de conflito, trabalho em equipe. O resultado é 100% de acordo com o esforço que você faz.

#30 SEGUNDOS DE CORAGEM

Pare e reflita: Como você tem construído sua história? Quais valores o norteiam? O que você pode fazer de diferente para realizar seus sonhos?

Notas: [1] Firms of Endearment, de Raj Sisodia, Jag Sheth e David Wolfe. 2015. [2] Matéria "Adeus, Trabalho Chato", publicada na *Você S/A*. Março de 2013. [3] Intitulada "Jovens Empresários Empreendedores", a pesquisa foi feita com cerca de 5,6 mil jovens entre 25 e 30 anos de oito países: Brasil, Estados Unidos, Inglaterra, Alemanha, Espanha, China, Índia e Rússia. 2017.

Capítulo 7

A inovação *é um* caminho *contínuo*

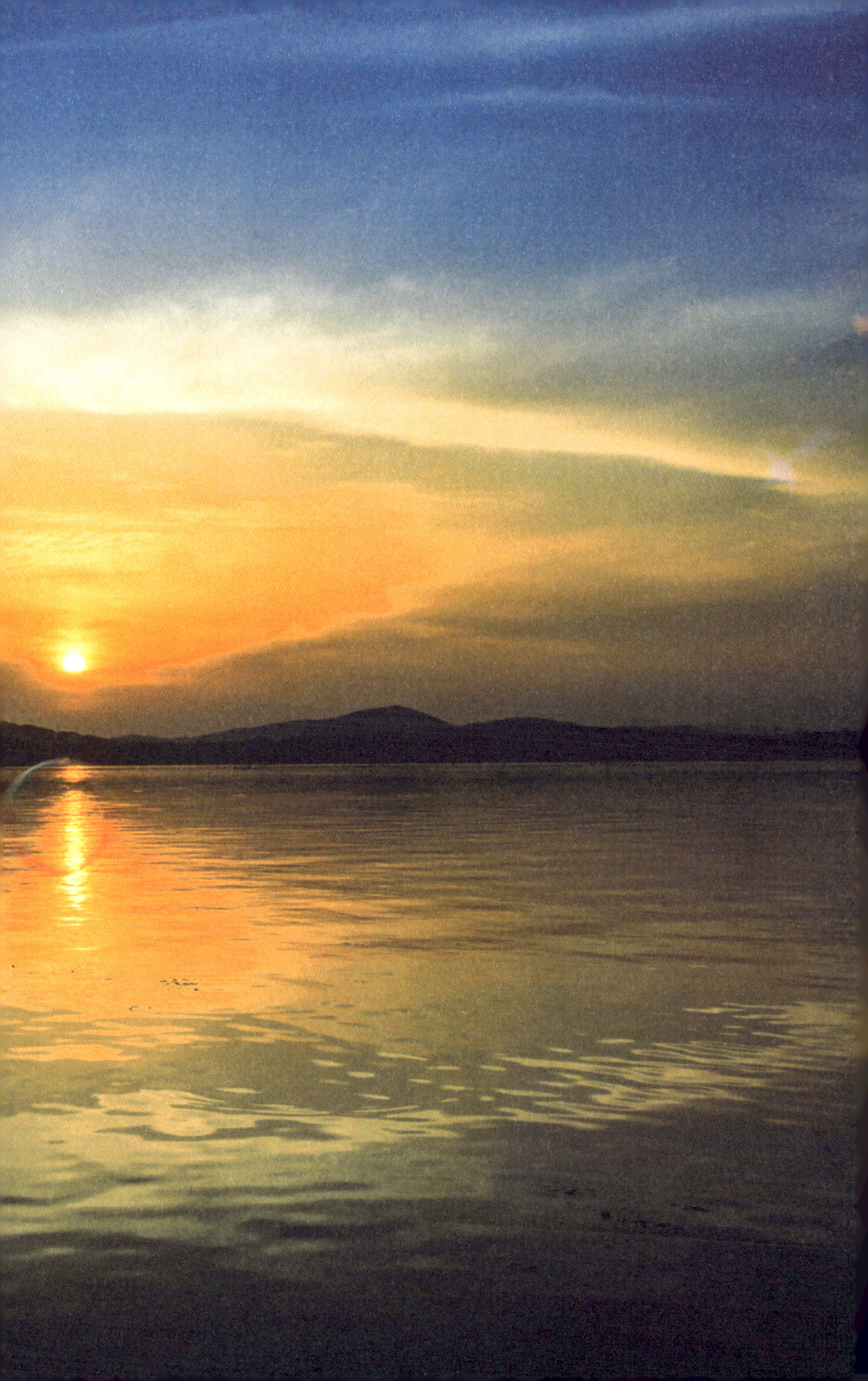

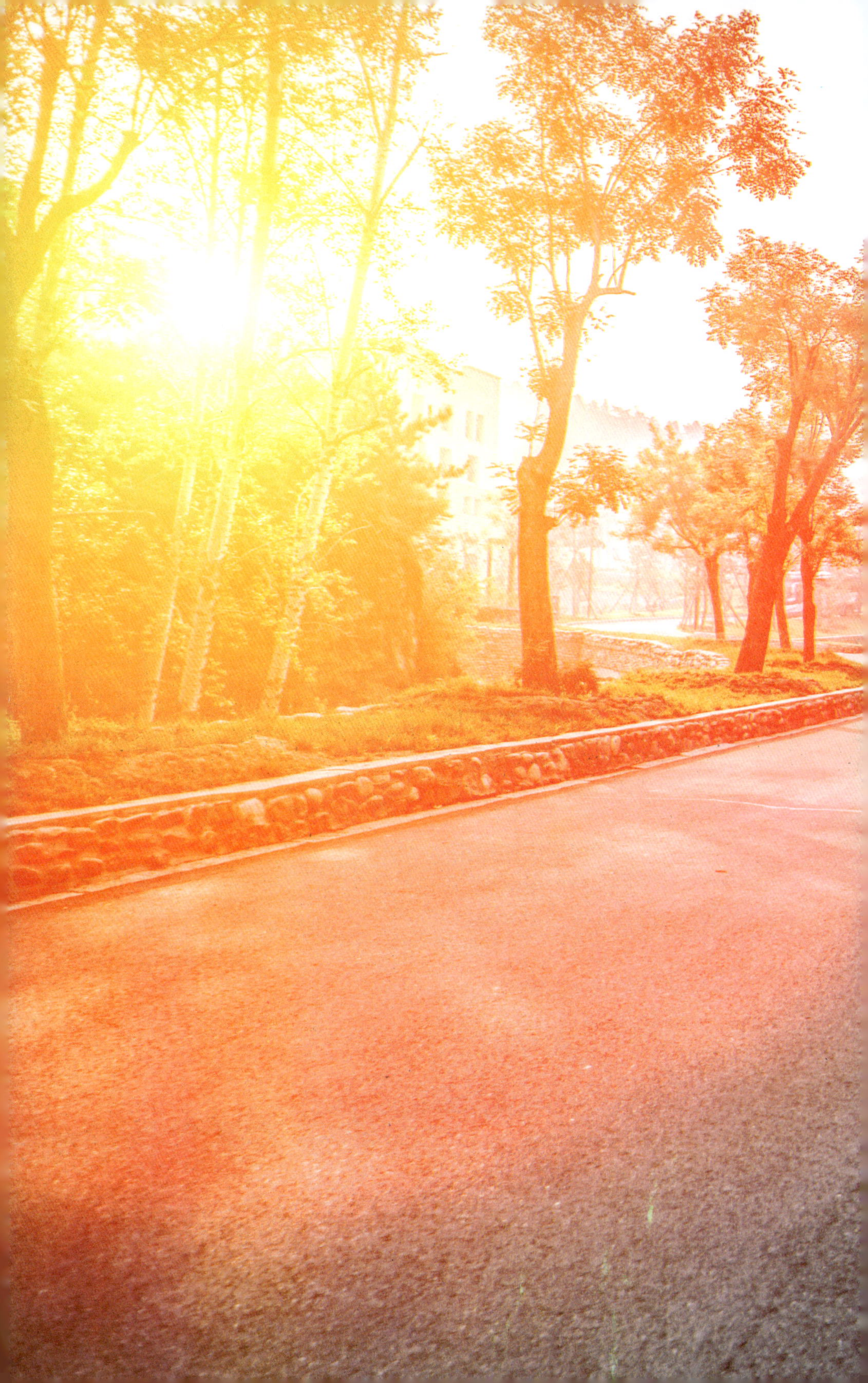

Era manhã. Saí cedo para o trabalho e, antes de entrar no carro, senti o vento. Era uma brisa de um dia típico de primavera. A carícia que esse sopro suave de vento fez no meu rosto me trouxe à mente a minha querida Conceição do Coité. Como é comum nessas reminiscências involuntárias, um misto poderoso de sentimentos diferentes tomou conta do meu corpo. Respirei fundo. Nessa nuvem de imagens e sensações, pude identificar dois sentimentos bem claros: o de sofrimento e o de vitória. Comecei a decifrar mais racionalmente essas sensações que o vento primaveril me trazia. As ideias foram se encadeando numa sequência mais lógica. Aquela brisa comemorava em minha alma esse momento da minha vida. Apesar de tantas dificuldades que pareciam insuperáveis, consegui conquistar boa parte do que eu havia sonhado na infância. Construí uma casa para minha mãe. É uma boa casa, muito mais ampla que a anterior que, no entanto, se mantinha contígua à nova, a pedido de minha mãe. A casa de farinha continua lá, como uma lembrança que apesar de tudo, meus pais fizeram questão de preservar. Foi nela que eles criaram a mim e meus irmãos. Acredito que esse é um dos sonhos mais importantes de quem viveu uma história semelhante à minha. Presentear minha mãe com uma casa onde ela pudesse ter não luxo, mas sim conforto, assim como estava mais de acordo com o seu desejo.

Quanta coisa boa foi se revelando à minha mente nesse dia. Ainda com essa brisa de primavera, veio também a prazerosa sensação do fato de ser sócia e vice-presidente de uma empresa na qual posso praticar o tipo de gestão humanizada em que acredito. Compartilho minha vida profissional com meu marido e com pessoas queridas, e busco a cada dia formar uma grande família profissional.

Agora começo a traçar um novo caminho da minha história, em busca da realização de mais um sonho. Sim, estou me tornando apresentadora!

Durante toda minha vida, encontrei pessoas que dividiram suas vidas, seus aprendizados e sua evolução comigo. Em novembro de 2016, fui convidada para participar da inauguração da loja da estilista Martha Medeiros, em Los Angeles. Como tínhamos acabado de nos casar, Clarel e eu não podíamos viajar em razão de uma reforma que estávamos terminando e de toda a estrutura para inaugurarmos nossa empresa. Contudo, como nossos aniversários estavam próximos, convidei-o para fazermos essa viagem como lua de mel e presente de aniversário, e ele topou.

Vivi momentos maravilhosos nessa viagem, que talvez tenha sido uma das melhores que já fiz em toda minha vida, pela companhia, pelas amizades e por presenciar de perto com os meus olhos a história linda de superação da Martha Medeiros. Foi a partir daquele momento que me bateu um desejo ardente e incontrolável de compartilhar tudo o que eu estava vivendo na minha vida, e instantaneamente eu pensava: o mundo precisa conhecer a história dessa mulher forte, que saiu lá de Maceió, Alagoas, ganhou o mundo e hoje veste as maiores celebridades do planeta. Eu me identifiquei muito com a Martha, e ali naquele exato momento meu sonho de criança acordou para nunca mais dormir enquanto não fosse realizado. Voltei de Los Angeles decidida e escrever este livro e abrir o meu canal no YouTube com um único objetivo: compartilhar histórias de sucesso e contribuir para o crescimento pessoal e profissional das pessoas. Encorajar a todos de que é possível, por mais difícil que pareça, realizar os nossos sonhos.

Sonho esse que só agora, com quase 30 anos, estou começando a realizar. Mas a animação, a alegria e o coração é como se fossem de uma garota de 15 anos. Desde que saí de Coité, quando trabalhava na rádio Sisal, que o sonho de trabalhar com comunicação e entretenimento grita no meu peito. Então, diante de tudo que vivi e da forma como superei cada dificuldade, fui pensando e estruturando o que era necessário para realizar esse sonho.

Durante esses 30 anos de vida, aprendi a importância de estudar as histórias das pessoas de sucesso, de me espelhar nelas, de modelar, de entender a trajetória de cada uma. Como minha educação foi muito precária por sempre estudar em escolas com recursos escassos, tive que assistir a muitas palestras, participar de muitos treinamentos, ler muitos livros, assistir a muitos vídeos no YouTube e estudar muito, além de observar cada passo de como as pessoas de sucesso andavam, se comportavam e até mesmo como elas falavam, quais eram suas ações, atitudes e hábitos. Foi a partir disso que percebi o quanto é importante dividirmos nossas experiências com as pessoas. Com certeza foi por isso que decidi escrever este livro. Sempre fui muito curiosa. Toda vez que conheço alguém de sucesso gosto de fazer perguntas como: Quais foram seus principais desafios? E o que e como fez para superar? Quais são suas principais dicas de sucesso? Enfim, acredito plenamente que podemos ajudar o maior número de pessoas por meio de testemunhos e exemplos de sucesso e superação, e é o que desejo intensamente fazer com este livro e por meio do meu canal "youtube.com/patriciapimentell".

E sabe quem foi a primeira entrevistada em meu canal? Tinha que ser ela, que me inspirou a colocar tudo isso em prática, Martha Medeiros! Ela me concedeu uma entrevista linda e emocionante, cheia de conteúdo sobre sua trajetória.

Estou escolhendo com muito cuidado e muito carinho os meus convidados, e já entrevistei pessoas com histórias incríveis de sucesso. Além da Martha Medeiros, também a consultora de imagem Roberta Carbonari, os atores Bruno Gagliasso, Maurício Machado e Carlo Porto, o dentista Leo Tominaga, o apresentador Arlindo Grund, o meu esposo Clarel Lopes, a artista plástica e atual primeira-dama da cidade de São Paulo, Bia Dória, entre tantas outras personalidades. E posso garantir a vocês que está sendo prazeroso e gratificante esse momento de entrevistar cada um deles.

Quero agradecer de coração a esses grandes profissionais que iniciaram comigo o sonho de me tornar uma apresentadora. Sem vocês, que foram tão gentis ao doarem seu precioso tempo, nada disso teria sido possível. Foi graças a essas pessoas INCRÍVEIS que hoje eu posso realizar o sonho de ter esse canal que eu TANTO AMO.

Passei momentos MARAVILHOSOS ao lado de vocês, momentos de aprendizado e de GRANDE EMOÇÃO. Esse gesto de generosidade só me incentiva a buscar incansavelmente a possibilidade de oferecer um programa de entrevistas cada vez melhor.

As entrevistas trazem como destaque temas como empreendedorismo, superação e qualidade de vida, entre outros. Os convidados se alternam entre profissionais de excelência em diversas áreas de atuação, que tenham conteúdo de grande relevância para o público, dando ao programa dinamismo e versatilidade. Aliás, essa é uma das principais qualidades desse novo produto artístico. Também teremos convidados do segmento de marketing multinível, tão importante para a economia brasileira.

Em cada faceta profissional que experimento me realizo, mas o sonho de INSPIRAR AS PESSOAS A TRANSFORMAREM SUAS VIDAS sempre foi latente. Farei isso através deste livro, apresentando meu programa no meu canal do YouTube e por meio dos treinamentos que ministro. Esse é o meu novo mundo a ser desbravado.

Sei que ainda tenho um caminho longo para trilhar, de muito estudo, preparo, obstáculos, tristezas, alegrias, choros e risos, mas estou pronta e tenho força, garra e determinação para mais esse passo na minha trajetória. Como foi difícil começar, e como está sendo desafiador esse novo projeto! Muitas barreiras surgem no caminho, muitas pessoas nos desestimulam, mas minha coragem e minha fé me impulsionam a nunca desistir.

Sempre encarei a vida como um mar de possibilidades, e nunca deixei que ninguém me desestimulasse, me refreasse ou me impedisse de seguir rumo à minha jornada. Afinal de contas, por que eu deveria me conformar às adversidades impostas pelo caminho e simplesmente desistir? Sempre pensei em quais eram as alternativas. Como poderia mudar aquilo que sentia a necessidade de mudança em minha vida? E foi assim, sempre munida de determinação, coragem, força e fé que trilhei meu caminho.

Comerciante, gerente, empresária, empreendedora e treinadora. Em cada profissão me realizei, mas o sonho de trabalhar com comunicação e contribuir para transformar vidas sempre foi latente, e hoje divido meu tempo entre a gestão da empresa da qual sou vice-presidente, gravar os programas para o meu canal e os treinamentos que ministro. Mais um desafio a ser superado. Estou pronta!

Capítulo 8

Serenidade
e equilíbrio:
O que eu
aprendi até aqui

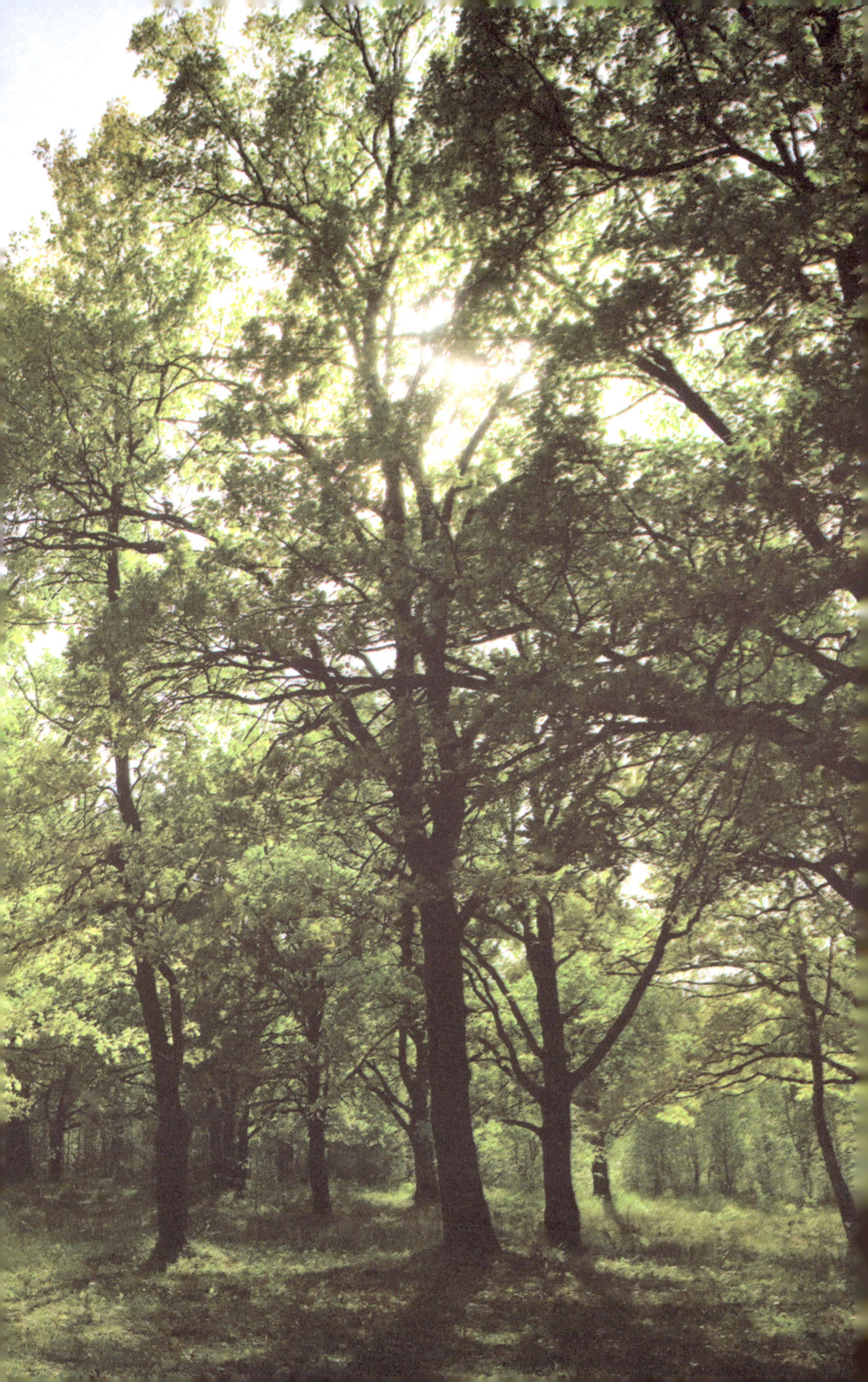

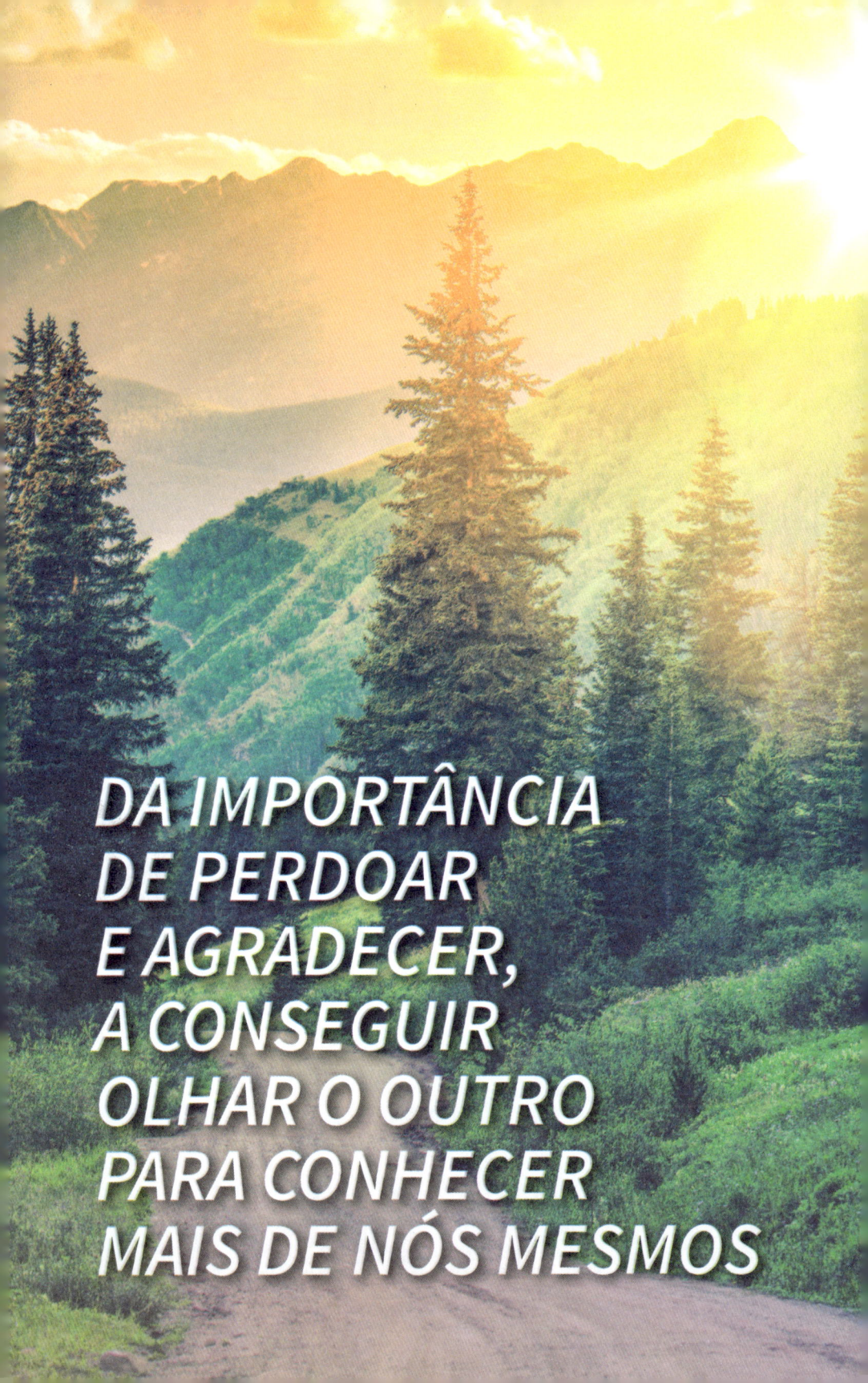

DA IMPORTÂNCIA
DE PERDOAR
E AGRADECER,
A CONSEGUIR
OLHAR O OUTRO
PARA CONHECER
MAIS DE NÓS MESMOS

Ainda tenho muitos planos e sonhos, mas não permito que o fato de, por ora, não tê-los conquistado me deixe insatisfeita. Costuma ser comum deixarmos de valorizar algo tão logo o consigamos, ainda que o tenhamos desejado intensamente a princípio. Em questão de curtíssimo tempo já precisamos de algo novo para nos satisfazer, tal qual uma busca sem fim. Desejar outras coisas faz parte, mas primeiro temos de amar e ser gratos pelo que temos hoje, sem deixar que a insatisfação tome conta e faça com que nossas conquistas fiquem pequenas perto do que ainda queremos.

Percebi, nessa caminhada, a importância de se buscar o equilíbrio. Sem o cultivo em nossas vidas da famosa tríade "mente-corpo-espírito", fatalmente não alcançaremos sucesso, muito menos a plenitude. É essencial cuidar bem desses três pilares. Quero compartilhar com você lições valiosas que aprendi com o tempo e que me ajudaram a chegar até aqui:

SEJA GRATO

Seria inimaginável não ser grata a todas as pessoas que me ajudaram e fizeram de mim uma pessoa mais forte. E, por falar em gratidão, acredito intensamente que esse sentimento tenha uma íntima relação com a busca da serenidade. A gratidão também está associada à capacidade de lidar com as mais diversas situações e com as outras pessoas, de forma tranquila e sem influenciar seu próprio emocional: aspecto essencial na carreira e na vida. Ainda estou na busca do ideal de serenidade que desejo. Assim como muitos de nós, tenho momentos de ansiedade e, vez ou outra, preciso controlar meu impulso – faz parte! –, mas, com a chegada dos 30 anos, vejo que consegui acumular muitas lições valiosas. E é por isso que, todos os dias, agradeço. Acredito que a gratidão anda de mãos dadas com a felicidade. Sou mais feliz sendo grata pelo que já conquistei, sem guardar rancor ou culpar alguém pelos sofrimentos que passei em minha infância. Exatamente o que falei no começo deste livro: a decisão de transformar sua dor em coragem ou medo é apenas sua.

Como tudo na vida, isso também é uma questão de treino, de hábito. Quando treinamos sucessivamente algum comportamento, acabamos incorporando-o e deixando que faça parte de nossa rotina. Pesquisadores da Universidade de Indiana, nos Estados Unidos, chegaram à conclusão de que ser grato pelas pequenas coisas da vida pode causar grandes mudanças – inclusive cerebrais – por meio da chamada plasticidade neural. Em um artigo publicado no jornal científico *NeuroImage*, eles demonstraram que depois de poucos meses exercitando a gratidão por meio da escrita, o cérebro passa a se sentir ainda mais condicionado a ser grato. A pesquisa compara esse treinamento a exercitar um músculo: quanto mais você praticar a gratidão, mais propenso estará a senti-la de forma espontânea no futuro. Seja como for, não custa praticar!

Particularmente, considero a gratidão um dos sentimentos mais lindos que existe. Acredito que *quem não é grato pelas pequenas coisas não é merecedor das grandes coisas*.

Sempre fiz um exercício bem simples assim: imagine que você tenha dois filhos, o João e o José. Tudo o que você faz para o João, ele fica feliz da vida, pula, agradece, sorri, grita, enfim, faz uma festa, mesmo que seja por um pirulito. Já o José sempre reclama de tudo e, mesmo que você traga o carrinho de controle remoto mais caro do mercado, se você trouxe o preto ele vai dizer que queria e preferia o vermelho. Você ficaria mais feliz em presentear o João ou o José? A resposta é um tanto óbvia, não? Provavelmente, você deve ter respondido "João". Todos nós somos filhos de Deus, ele nos presenteia todos os dias com o ar para respirarmos, com a luz do dia e com o sol para aquecer nossos corações, com a chuva para termos água e com a energia elétrica para tomarmos aquele banho quentinho, com a terra fértil para termos comida.

Às vezes, nos esquecemos de ser gratos pelas coisas mais básicas da vida, como caminhar, falar, ouvir, comer e enxergar. Basta você parar para pensar como seria sua vida caso você não conseguisse fazer alguma dessas coisas; portanto, é fundamental sermos gratos pelas coisas mais valiosas do mundo, que são essas. Pela sua família, pelos seus amigos, pelos seus pais, pelos seus filhos, ou pelo simples fato de ter água para beber, uma roupa para vestir e um cobertor quentinho para se cobrir.

Nos momentos mais difíceis que enfrentei na vida sempre procurei ser grata por alguma coisa, e sempre era pela minha saúde, pois tinha consciência de que sem ela tudo seria muito pior. E eu lhe pergunto: *Quais seriam as três coisas pelas quais você seria grato neste exato momento?* No meu caso, sou extremamente grata a Deus pela vida, pela oportunidade de escrever este livro, e espero que de alguma forma você se sinta motivado a ser uma pessoa ainda mais grata a partir desta leitura.

PRATIQUE A EMPATIA

Você já deve ter ouvido muitas vezes alguém dizer: "Coloque-se no meu lugar". Trata-se de algo difícil, pois colocar-se no lugar do outro pode ser dolorido. Mas é essencial para conseguirmos entender melhor as pessoas que estão à nossa volta, seja em nossa família, seja no trabalho. Para que um líder entenda a angústia de um funcionário, por exemplo, ele precisa querer se colocar naquela situação, enxergar o profissional como uma pessoa que também tem questões pessoais e que pode estar passando por momentos difíceis. Ao pesquisar o tema, estudiosos do Centro Nacional de Pesquisas Sociais, em Paris, descobriram que a empatia nos ajuda não apenas a conhecer melhor o outro, mas a nós mesmos também.

Temos tendência a ser egoístas em função de nossa natureza. Observe, por exemplo, um comportamento infantil para compreender melhor essa constatação. No entanto, se praticarmos a empatia, a tendência é que essa natureza egoísta diminua. A empatia é acima de tudo enxergar com o olhar do outro, sentir com o coração do outro, antes de julgar ou criticar qualquer pessoa, se colocar no lugar dela, e se não conseguir se colocar no lugar dela, no mínimo procurar perceber qual a emoção que há por trás de cada atitude.

Pare um instante e se pergunte: "quantas vezes deixei de olhar o outro para fazer minhas vontades?". Eu mesma já fiz isso. Apenas a consciência muda esse comportamento.

PERDOE

Perdoar é se libertar, se livrar de toda mágoa e rancor que uma história causou. Claro que não é fácil, e tudo depende do tempo, mas quando você percebe que o perdão faz bem a você mesmo, fica mais simples. A própria Ciência prova esse efeito benéfico. Pesquisadores da Universidade da Califórnia, em San Diego, nos Estados Unidos, descobriram que entre os 200 participantes de um estudo, aqueles que deixavam a raiva de lado eram menos propensos a ter variações na pressão arterial. Basta pensar em como uma pessoa fica ao descobrir uma traição, por exemplo. Certamente é acometida de sentimentos intensos como a raiva, a angústia e até dores físicas, como a dor no peito. Além disso, não perdoar pode servir como desculpa para não seguir, não ir atrás de objetivos e planos. Eu podia ter culpado meu pai a vida inteira e ficado em Conceição do Coité, sem perspectivas. Mas por quê? Ele é meu pai, me deu a vida e sou grata a isso. Jamais me esquecerei do dia em que o convidei (ele e minha mãe) para jantar na casa que eu havia acabado de alugar. Naquele momento eu consegui "olhar para ele", entender que não podia me dar o amor que nunca recebeu, então escolhi outro caminho.

A decisão está em suas mãos: perdoar e seguir em frente ou ficar carregando uma mágoa que só lhe faz mal. Posso lhe dar a minha palavra de que não existe nada mais libertador do que perdoar. Não sei o que possa ter lhe causado alguma dor, nem quem tenha lhe feito algum mal, e você pode até pensar algo como "você não sabe o que eu passei" ou "o que sofri" e eu realmente não sei do seu sofrimento. Mas sei muito bem do meu, e por essa razão posso afirmar com certeza o bem que perdoar faz a nós mesmos, a leveza que isso traz para a alma e como a vida fica leve e mais fácil.

De acordo com o ensinamento cristão, devemos amar a Deus sobre todas as coisas. Experimente fazer isso, e sinta como ele pode confortar nosso coração e trazer a paz que tanto buscamos. Quando temos Deus em nosso coração, não há espaço para mágoa e ressentimento.

E você, guarda alguma mágoa? Como anda a sua fé? Quero lhe sugerir a melhor troca da sua vida: troque essa mágoa ou esse ressentimento por Deus em seu coração. Você verá como sua vida irá se transformar de uma forma única e especial.

ESCUTE SEU CORAÇÃO

Independentemente do momento, se quiser mudar algo em sua vida, tenha coragem e siga em frente. Sempre fui uma pessoa intuitiva, e levo em conta esse sentimento na tomada de decisões. Quando estou em dúvida sobre o que fazer, paro e escuto o que diz meu coração. Se algum ponto parece nebuloso e minha consciência me alerta, paro e revejo.

Um dia, perguntei para o meu mentor espiritual, o Pr. Sandro, o qual considero como meu segundo pai, que me ajudou e me ajuda sempre, o que deveria fazer para ter certeza das minhas decisões, como saberia se estariam certas ou erradas. Ele então me respondeu algo que nunca vou esquecer: "Deus não está na dúvida, Deus é a certeza. Onde há dúvida, Deus não habita. Quando você tiver certeza absoluta no coração, essa certeza vem de Deus". Sempre peço a Deus que me oriente em minhas decisões, para que ele coloque a decisão certa no meu coração. Então, quando tenho certeza, aquela que vem do meu coração, sigo em frente, mesmo que o mundo inteiro diga que será difícil demais. Mas não precisa ser fácil, precisa valer a pena. E aí eu não meço sacrifícios nem trabalho, contanto que não passe por cima de ninguém. Outra lição que aprendi com meu pastor foi em relação às coisas que seriam certas ou erradas. Perguntei: "Como saber se algo é certo ou errado?". E a resposta foi: "Filha, tudo que é errado nossa consciência nos acusa." É muito importante sabermos quem verdadeiramente somos, e aquilo que somos quando estamos sozinhos, sem ninguém nos olhando, nos criticando ou nos punindo.

#30 SEGUNDOS DE CORAGEM

Pare e reflita: Antes de tomar qualquer decisão, pense: é uma decisão que vem do seu coração? Ao deitar sua cabeça no travesseiro você conseguirá dormir em paz?

Considerações finais

Li que um livro só está vivo quando é lido. E no momento que seus olhos pousarem nestas páginas, creio que minha vida estará unida à sua. Agora estamos juntos para sempre! Nossas vidas estão entrelaçadas e isso me traz uma imensa alegria! Mais uma vez sou grata a Deus por ter me dado essa oportunidade de compartilhar o que venho aprendendo durante a minha trajetória e ter esse momento mágico! Trajetória de uma vida que eu amo! A lição maior é NUNCA DESISTIR! Lute pelos seus sonhos! Eu continuarei sempre estudando, mais e mais. Essa é a melhor forma de chegar ao SUCESSO. O estudo, a reflexão, o livro! Nunca desista de estudar, de se informar, de se preparar para os desafios da vida!

Amei escrever este livro e compartilhar minha história, e não poderia finalizá-lo sem dizer uma palavra sagrada: GRATIDÃO!

Sou grata a todas as pessoas que ainda acreditam no ser humano.

Que Deus abençoe grandiosamente a sua vida. Que você possa ser luz por onde caminhar, que seja feliz e que faça outras pessoas florescerem.

Um super beijo e até breve, meu caro leitor. Nosso encontro já está marcado no meu próximo livro!

Sugestões de leitura

Bíblia Sagrada

Competência Multifocal. Aplicação da Teoria da Inteligência Multifocal no desenvolvimento das potencialidades intelectuais. Paulo Henrique Franceschini. São Paulo: Academia de Inteligência, 2005.

Faça o que tem de ser feito. Bob Nelson. Rio de Janeiro: Sextante, 2003.

Felicidade Autêntica. Usando a nova psicologia positiva para a realização permanente. Martin E. P. Seligman. Rio de Janeiro: Objetiva, 2004.

Go Pro – 7 passos para ser um profissional do marketing de rede. Eric Worre. Rio de Janeiro: Rumo ao Topo, 2014.

O homem mais inteligente da História. Augusto Cury. Rio de Janeiro: Sextante, 2016.

O negócio do século XXI. Robert T. Kiyosaki. Rio de Janeiro: Alta Books, 2017.

Pai rico, pai pobre. Robert T. Kiyosaki. Rio de Janeiro, Alta Books, 2017.

Ressentimento. Maria Rita Kehl. São Paulo: Casa do Psicólogo, 2012.

FONTE: Linux Libertine
IMPRESSÃO: Sermograf

#Novo Século nas redes sociais

novo século®
www.gruponovoseculo.com.br